Ernst Hinterberger

Ein Abschied

Lebenserinnerungen

UEBERREUTER

Die Deutsche Bibliothek - CIP-Einheitsaufnahme

Hinterberger, Ernst:
Ein Abschied : Lebenserinnerungen / Ernst Hinterberger. –
Wien : Ueberreuter, 2002
ISBN 3-8000-3905-2

Coverfoto: Ernst und Margarete Hinterberger (privat)
Umschlaggestaltung: verlagsbüro wien / Kurt Hamtil

Druck: Ueberreuter Print
1 3 5 7 6 4 2

Ueberreuter im Internet: www.ueberreuter.at

Es gibt keinen Weg
Nur Träume
Und Träume von Träumen
Ein Zen-Meister

Ich bin ein alter Mann und vor ein paar Tagen ist die Frau, mit der ich 44 Jahre verheiratet war, gestorben, obgleich weder sie noch ich an so etwas gedacht haben. Natürlich wussten wir wie jeder, dass alles, was lebt, auch sterben muss und jedes Neugeborene bereits in die noch offene Schlinge springt, die sich eines Tages zuzieht und den Tod bringt. Das sind Gemeinplätze. Sie werden, weil wir ja ständig mit dem Tod konfrontiert sind, tausendmal gesagt oder gedacht, dringen aber nicht in die tieferen Schichten unseres Bewusstseins vor, bleiben wie das meiste von dem, was wir denken, an der Oberfläche, sind aber jetzt für mich zu einer Realität geworden, die meine Stunden ausfüllt und der ich mich, selbst bereits am Rande des Todes, stellen muss.

Meine Frau war klein und dick, hatte in beiden Knien Schlittenprothesen, war also gehbehindert und musste von mir, wenn es mehr als dreihundert Meter zu gehen galt, im Rollstuhl geschoben werden. Sie litt an Altersdiabetes, hatte aber keine bedrohlichen Werte und war ansonsten gesund. Ihre einzige Angst war, wenn das Gespräch aufs Sterben kam, nur die, wie alle aus ihrer Familie an einem Krebsleiden zu Grunde zu gehen.

Natürlich redeten wir nicht oft vom Sterben, wer tut das schon. Aber wir waren in unserem Alter über 70 doch immer dazu gezwungen, uns mit dem Sterben auseinander zu setzen, wenn wir wieder einmal eine Parte erhielten, die uns mitteilte, dass einer unserer Freunde verstorben war; derartige Briefsendungen häufen sich bei alten Leuten, das liegt in der Natur der Sache und man weiß – jedenfalls als alter Mensch – sehr wohl, dass man sich auf einem Weg befindet, von dem keiner wirklich weiß, wohin er führt und dessen Ränder mehr und mehr mit Toten besetzt sind, die es vor einem selbst getroffen hat.

Ich weiß natürlich nicht, wie und wann mein Ende kommen wird, aber meiner Frau ist jedenfalls das eigentlich unwürdige Sterben an einem Krebs- oder einem anderen langen Leiden erspart geblieben.

Wir hatten, wenige Tage vor Weihnachten, schon unsere Koffer gepackt, weil wir die Feiertage ungestört von all dem christlichen Trara mit *Stille Nacht* und *O Tannenbaum* und all den Ein- und Gegeneinladungen, bei denen man meist zu viel isst und trinkt, von erleuchteten Christbäumen und gegenseitig vorgezeigten und übergebenen Geschenken überschwemmt wird, in einem netten ruhigen Hotel zubringen wollten. Wir hatten einige Ausflüge, ein bisschen Schwimmen im Becken des Hotels, vielleicht, wenn es genügend Schnee gab, ein oder zwei Fahrten mit einem Pferdeschlitten geplant, die sich meine Frau geradezu kindlich wünschte, zu denen es aber bisher noch nie gekommen war, weil es dort, wo wir waren, entweder viel Schnee, aber keine Pferdeschlitten, oder genügend Pferdeschlitten, aber keinen Schnee gab, wir hofften, dass es diesmal klappen und wir durch eine verschneite Winterlandschaft kutschieren würden.

Aber am Tag unserer Abreise wurde meiner Frau plötzlich so übel, dass ich den Hausarzt rufen musste. Sie klagte über Kopfweh, das sie in dieser Intensität noch nie gehabt hatte, und über plötzliche Rückenschmerzen, konnte sich nicht mehr aufrecht halten, wurde von mir ins Bett getragen – und dann warteten wir auf den Hausarzt, versuchten ihr Übelsein herunter und aus der Welt zu reden und kamen überein, sicherheitshalber die nächsten paar Tage zu Hause zu bleiben und eben erst am Heiligen Abend wegzufahren.

Der Hausarzt kam, maß Blutdruck und Puls meiner Frau, konnte nichts Gravierendes feststellen, kam aber bei weiterer Untersuchung drauf, dass die Blutzuckerwerte meiner Frau eine Höhe erreicht hatten, die bereits, wie er sagte, lebensbedrohend war. Er rief einen Krankenwagen, der bald drauf kam und sich mit Blaulicht und eingeschaltetem Folgetonhorn mühsam einen Weg durch den starken Verkehr bahnte, ins Evangelische Krankenhaus, wo ich die üblichen Formulare ausfüllte, meine Frau inzwischen ein Bett bekam, untersucht und medikamentös versorgt wurde und mir der Arzt sagte, meine Frau müsse unbedingt erst stabilisiert, dann wegen ihrer Diabetes eingestellt werden und in Zukunft nach Verordnung Insulin spritzen, jedenfalls brauche sie jetzt und in den nächsten Wochen Ruhe und ein Wegfahren käme im heurigen Winter keinesfalls in Frage.
Meine Frau, die sich so sehr auf diesen Weihnachtsurlaub gefreut hatte, bekam wegen dieser Feststellung feuchte Augen und schaute mich hilflos an. Ich versuchte sie damit zu trösten, dass wir eben im Frühjahr wegfahren würden, verabschiedete mich von ihr, fuhr nach Hause, rief im Urlaubshotel an, stornierte unseren Aufenthalt, verständigte unseren Sohn nicht, weil ich wusste, dass er wegen des Ausfalls eines Kollegen mit Arbeit überhäuft war und ich ihn nicht unnötig beunruhigen wollte, packte unsere Koffer wieder aus, setzte mich vor den Fernseher, fand aber kein Interesse an den dargebotenen Geschichten anderer Leute und war traurig, weil sich auch dieses Jahr der Wunsch meiner Frau, mit dem Pferdeschlitten durch eine Schneelandschaft zu fahren, nicht erfüllen würde, obgleich es besonders in der Gegend, in die wir fahren wollten, diesmal mehr als genug Schnee gab.
Am nächsten Tag fuhr ich, weil meine Frau ja Untersuchungen ausgesetzt sein würde, erst zur Mittagszeit ins Spital, traf sie dort auf ihrem Bett sitzend und in einem gerollten Rindsbraten mit Reis stochernd, fand sie ganz munter, küsste sie, wie wir es immer machten, auf Mund und Wange,

ging zu den Schwestern auf den Gang, um mir eine Vase für die mitgebrachten Blumen zu erbitten, und hoffte, dass sie ein bisschen Freude an ihnen haben würde; ich bin, was Blumen angeht, recht ungeschickt, vergesse meist meiner Frau welche heimzubringen und wenn, dann die falschen – diesmal hatte ich aber dunkelrote Rosen, die, wie ich hoffte, bestimmt das Richtige sein würden.

Als ich ins Krankenzimmer zurückkam, aß meine Frau nicht mehr. Sie saß irgendwie steif auf dem Bett, hatte die Augen aufgerissen, klagte über plötzliche und kaum auszuhaltende Rückenschmerzen und begann zu schreien. Ich lief auf den Gang hinaus, alarmierte die Schwestern, von denen sofort zwei da waren – und als wir ins Krankenzimmer kamen, lag meine Frau bereits regungslos auf dem Boden.

Dieses Bild hat sich mir, wie viele andere Bilder aus meinem Leben, eingebrannt und ich sehe es, obgleich ich jetzt, am Beginn der Nacht, vor meinem Loggiafenster sitze und auf die erleuchteten Fenster der auf der gegenüberliegenden Seite des Gürtels stehenden Gemeinbauten starre, zum Greifen deutlich vor mir: Meine Frau lag in verdrehter Stellung und mit hochgerutschtem Nachthemd, mit dem Gesicht auf dem hellgrauen Bodenbelag und aus ihrem freiliegenden Anus war etwas Kot gequollen, der auch ihre Schenkel bedeckte.

Eine Schwester bemühte sich um sie, die zweite lief aus dem Zimmer, um kurz darauf mit anderen Schwestern, einem Pfleger und zwei Ärzten wiederzukommen. Ich wurde aus dem Raum gewiesen und im Abgehen hörte ich noch, wie der eine Arzt wiederholt meine Frau laut mit ihrem Namen anrief und fragte, ob sie ihn höre.

Ich saß auf dem Gang, merkte, dass es im Krankenzimmer hektisch zuging, es gab ein Hin und Her, Sauerstoffflaschen und ein elektrisches Reanimationsgerät wurden gebracht, drinnen schien nach den aufgeregten Stimmen und halblauten Kommandos die Zeit zu rasen, während sie für mich, der ich untätig, gedankenleer und geschockt draußen saß, stillzustehen schien. Irgendwann spürte ich dann eine Hand auf meinem Arm, die ihn sanft drückte, und eine weibliche Stimme sagte mir leise, meine Frau habe einen Herzstillstand, aber man versuche das Mögliche.

Ich hatte das Gefühl, als würde mein Hals zugeschnürt, dann kamen mir, obgleich ich, im Gegensatz zu meiner recht rührseligen Frau, seit der Kindheit nicht mehr geweint habe, die ersten Tränen und das Gefühl ungeheurer Verlassenheit.

Wie lange ich so auf dem Gang gesessen bin, weiß ich nicht, es gab zwar wieder ein Hin und Her und ich glaubte das Schieben eines Bettes zu hören, war aber wie in Trance, hatte nur undefinierbare weißliche und wabernde Flecken vor Augen und kam erst wieder zu mir, als einer der Ärzte zu mir trat und sagte, es täte ihm Leid, aber meine Frau sei in Sekundenschnelle an einem Herzhinterwandinfarkt verstorben und habe den Aufprall auf den Boden sicher nicht mehr gespürt.

Man ließ mich in Ruhe und weinen, brachte mir ein Glas Wasser und wartete ab, bis ich den Anschein von relativer Gefasstheit bot, dann fragte mich eine Schwester, ob ich stark genug und willens sei, von meiner Frau, die man inzwischen in ein leeres Zimmer gebracht habe, Abschied zu nehmen. Sie führte mich am Arm zu diesem Zimmer, ließ mich allein eintreten und schloss leise die Türe hinter mir.

Meine Frau lag unter einem Laken auf einem Bett, nur ihr bereits wächsernes rundes Gesicht, das mir kleiner als sonst schien, und ihre zurechtgestrichenen, schon schütter gewordenen kurzen grauen Haare waren frei, man hatte ihr, wegen der bald einsetzenden und manchmal entstellenden Totenstarre mit einer Mullbinde das Kinn festgebunden und auf ihren durch das Fehlen der Zahnprothese schmal gewordenen Lippen sah ich eine farblose cremeartige dünne Schicht, wie man sie bei Toten aufzutragen pflegt, damit der Mund nicht aufklafft.

Ich verlor, obgleich ich zwar als gefühlvoller Schriftsteller, aber ziemlich gleichmütiger und sogar gleichgültiger Mensch gelte, vollkommen die Fassung, beugte mich über die Tote, rief sie weinend beim Namen und redete wirres unbeholfenes Zeug, das sie ja nicht mehr hören konnte: Ich erinnere mich »Greti, meine Greti, jetzt hast du mich allein gelassen, was soll ich denn jetzt ohne dich tun?« gestammelt zu haben, deckte sie ein wenig ab, küsste ihre Brüste, die Schultern, Wangen, Augen und auch den klebrigen Mund, sagte ihr all das über meine Liebe zu ihr, was ich ihr im Leben viel zu selten gesagt habe, aber jetzt, weil es zu spät war, im Raum hängen blieb und dass sie meine Welt gewesen sei und mit ihr für mich auch die Welt gestorben wäre, fasste mich langsam, verließ das Zimmer, bedankte mich bei der draußen wartenden Schwester, wurde von einem Arzt eingeladen, auf eine Tasse Kaffee und, falls ich Raucher sei, auf eine Zigarette ins Ärztezimmer zu kommen, nahm das gern an, rauchte, redete mit dem Arzt, der aber kurz drauf wegen eines dringenden Falls weggeholt wurde, rauchte allein weiter, schaute aus dem Fenster auf den trüben Dezemberhimmel und einen Baum, auf dessen Ästen ein paar Raben saßen, erinnerte mich daran, dass meine Frau von allen Vögeln besonders die Raben und Eisvögel gern gehabt hatte, stand auf und ging in die Anmeldung hinunter, um den notwendigen Formalitäten Genüge zu leisten, bekam die Tasche mit dem Waschzeug, dem Nachthemd, den Pantoffeln und der Zahnprothese meiner Frau ausgehändigt, erfuhr, dass ihre Handtasche mit ihren persönlichen Sachen wie der Geldbörse, Schlüsseln, ihrem wenigen Schmuck und ihrer Bankomatkarte bis zur Regelung der Verlassenschaft gerichtlich einbehalten würde, verließ das Spital, wollte zuerst zu Fuß den weiten Weg von Währing nach Margareten gehen, nahm mir aber irgendwo unterwegs ein Taxi, sperrte die Wohnungstüre auf, sagte wie immer, wenn ich allein nach Hause kam und meine Frau in der Wohnung war: »Greti! Ich bin's! Ich bin da, der Ernstl!«, merkte die Sinnlosigkeit dessen, wusste, dass Greti nie mehr auf mein Heimkommen warten würde, schaute auf ein gerahmtes Foto, das im Vorzimmer hängt und uns beide und einen Hofrat zeigt, der mir die Insignien des vom Bundespräsidenten verliehenen Ehrenkreuzes für Wissenschaft und Kunst übergibt, während meine Frau Tränen der Freude und des Glücks, dass ihr Ernstl endlich anerkannt wurde, in den Augen hatte und einen schönen Blumenstrauß an sich drückte, holte meine Haarschermaschine, stellte mich vor den Spiegel und rasierte mir, um in für andere vielleicht kindischer, für mich aber wichtiger Weise zu dokumentieren, dass mit meiner Greti auch die Welt für mich gestorben war, Kopf- und die gewellten Barthaare ab, die ihr so gefallen hatten, trank, gleich aus der Flasche, mehrere große Schlucke von dem Whisky wieder, den wir von unserer letzten Schottlandreise heimgebracht, aber für besondere Anlässe aufgehoben hatten, rauchte eine Zigarette nach der anderen, rief unseren Sohn an und sagte ihm, die Mama sei gestorben, ging in der leeren Wohnung hin und her, wünschte mir, gleichfalls zu sterben, wusste aber, dass ich noch lebte und alle möglichen Pflichten zu erfüllen hatte, die einem Überlebenden auferlegt sind.

Die Aufbahrung meiner Frau fand, wegen der Weihnachts- und Neujahrsfeiertage verzögert, an einem eiskalten Tag des neuen Jahres in der Feuerhalle des Urnenhains gegenüber dem Wiener Zentralfriedhof statt. Es waren an die 60 Freunde und Bekannte gekommen, darunter auch Schauspieler, die in meinen TV-Filmen mitgespielt und eine über das Berufliche hinausgehende persönliche Beziehung zu meiner Frau und mir hatten, es gab viele Kränze und Buketts, aber keinen von der Bestattung gestellten Redner und keine Trauermusik, weil das weder meine Frau noch ich gewollt hatten.
Die lieben, mir nahe stehenden Freunde Marianne Mendt und Wolfgang Böck verlasen einen von mir geschriebenen Nachruf, den ich eigentlich selbst sprechen wollte, dazu aber nicht im Stande war, ich stand, während sie lasen, allein vorne neben dem Sarg, schaute mit schwimmenden Au-

gen auf meinen Kranz roter Rosen, verlor, als der Nachruf beendet war, sich der Sarg langsam in die Tiefe senkte und sich die eisernen halbrunden Klappen über ihn schlossen, die ohnehin nur mehr in Resten vorhandene Beherrschung, weinte wie ein kleines Kind um meine Frau, mich und alles Leid der Welt, nahm die Beileidswünsche der Freunde entgegen und verließ am Arm meines Sohnes den Friedhof: ein unansehnlicher, mit den Tränen kämpfender kahl geschorener alter Mann in dem neuen schwarzen Anzug, den er vor einigen Wochen von seiner Frau für zu erwartende mögliche festliche Anlässe geschenkt bekommen hatte und der jetzt zum unfestlichsten und traurigsten aller Anlässe zum ersten Mal getragen wurde, die jählings in die Wirklichkeit gestoßene Ruine eines Menschen, der sich seit Jahrzehnten mit dem Buddhismus befasste, geglaubt hatte, ein Stück des achtfachen Weges vorangekommen und im Besitz des zunächst noch ungefestigten Wissens zu sein, dass alles, was für die unerleuchteten Menschen Welt und Wirklichkeit darstellte, für den Erleuchteten in Wahrheit nichts oder höchstens eine Phantasmagorie von Träumen von Träumen ist, aber jetzt erkennen musste, dass all sein angebliches Wissen der Wirklichkeit des Todes nicht standzuhalten vermochte und ihn vom rechten, zur Erleuchtung führenden Weg gestoßen und in ein hilfloses gebrochenes Bündel Mensch verwandelt hatte, dem weder der Trost der Freunde noch buddhistische Philosophie noch irgendeine andere und schon gar nicht die christlichen Worte von einer Auferstehung und die Floskel *Tod, wo ist dein Stachel, Hölle, wo ist dein Sieg* zu helfen vermochte, weil eine Wirklichkeit über ihn hereingebrochen war, der er nicht gewachsen war.

Bei der einige Tage später erfolgten Beisetzung meiner Frau waren nur wenige Menschen mit mir, die, leicht gebeugt gegen den starken eisigen Wind kämpfend, dem mit der Urne zum Grab vorangehenden Bestattungsgehilfen folgten. Wir warfen jeder ein Schäufelchen Erde in das seichte runde

Loch im Erdboden, in das die Urne gesenkt wurde, ich warf einige rote Nelken nach, dann gingen wir, wieder durch den eisigen Wind, zum Ausgang des Urnenhains, kamen unterwegs an einer reifbedeckten Wiese, auf der sich einige Raben um einen Wurm oder sonst Essbares stritten, vorüber, ich musste an die Raben auf den dürren Ästen des Baumes denken, die ich vom Fenster des Spitalszimmers aus gesehen hatte, in dem meine Frau mit hochgebundenem Kinn lag und meine Küsse nicht mehr erwidern konnte, verlor wieder die Fassung, streifte den stützenden Arm meines Sohnes ab, ging torkelnd weiter und fühlte mich so allein, als wenn ich der einzige Mensch auf der von vielen Milliarden Menschen bedeckten Erde gewesen wäre.

Jetzt, nachdem alles vorbei ist, muss ich daran gehen, die Hinterlassenschaft meiner Frau, die zugleich auch die meine ist, aufzuarbeiten, die Nacht bricht voll herein, ich sitze bei meinem Schreibtisch vor dem Loggiafenster, trinke wieder vom schottischen Whisky, rauche und habe einige randvoll mit Fotos gefüllte, größere und kleinere Schuhkartons vor mir, meine Frau war ja eine große Sammlerin von allem Möglichen, und manchmal schien mir, sie tat das in dem Wunsch, Vergangenes für immer oder zumindest ihre Lebenszeit festzuhalten, sie fotografierte gern, sammelte auch von anderen gemachte Fotos, dazu noch Ansichtskarten von Orten, wo wir gewesen waren oder die wir von Freunden zugeschickt bekommen hatten, und außerdem Prospekte von Hotels, Fremdenverkehrsbüros, auch Pläne unserer und fremder Länder und Städte, natürlich auch diverse Rechnungen, die sie an etwas erinnern sollten, jetzt aber, da sie sich an nichts mehr zu erinnern vermochte, nur mehr ein Haufen Papier waren, der keine Berechtigung mehr hatte und weggeworfen werden konnte. Trotzdem wollte ich zumindest die Fotos noch ein Mal durchsehen; sie ungesehen wegzuwerfen widerstrebte mir, kam mir wie ein Verrat an der Verstorbenen vor.

Ich öffnete den ersten Karton, in dem früher einmal Schuhe der Firma Gallus gewesen und jetzt Fotos waren, leerte dessen Inhalt auf dem Tisch aus und nahm das obenauf liegende Foto zur Hand. Es zeigt mir den Großvater, die Großmutter und die Onkeln und Tanten meiner Frau: Der Großvater, den ich in meinem Roman *Kleine Leute* beschrieben habe, ist ein schlanker weißhaariger Mann, war Stück-, also Schneidermeister, der selbstständig arbeitete, in einem Herrensalon des 1. Bezirks betuchten und oft titelgeschmückten Kunden Maß nahm, dann zuhaus die Stücke vorbereitete, mit ihnen in den Salon fuhr, Anproben vornahm und sie dann, wieder zuhaus, fertig machte.
Dieser Großvater, Carl Schlund, war, den Erzählungen meiner Frau nach, ein stiller Mann, aber ohne es darauf angelegt zu haben, der unbestrittene Patriarch der Familie, hielt sich in seinem Arbeitsraum alle möglichen Singvögel, was damals viele taten, war Sozialdemokrat, aber nicht weil er, dem es ja eigentlich gut ging, musste, sondern weil er mit den kleinen besitzlosen und ausgebeuteten Leuten Mitleid hatte und der Meinung war, dass – wenn überhaupt jemand – die damals, gegen Ende des 19. Jahrhunderts, von Victor Adler geführten Sozialdemokraten eine Wendung zum Besseren bringen konnten.
Dann ist auf dem Foto noch die Großmutter, seine kleine und rundliche Frau Julie, geborene Syrowatka, der alle ihre Kinder im Äußeren nachschlugen, zu sehen und die Mutter sowie Onkeln und Tanten meiner Frau, allesamt gedrungen, rundköpfig, mit fleischigen Nasen und noch ungewisser Zukunft; der Älteste, Adolf, er würde einmal Polizist und in späteren Jahren sogar Offizier der Sicherheitswache werden, Stefan würde im 1. Weltkrieg in Wolhynien Furchtbares erleben und erst Jahre nach Friedensschluss als Schizophrener zurückkehren und zeitlebens unter dieser Krankheit leiden, alle möglichen Ereignisse, soweit sie Familienmitglieder betrafen, voraussehen, mehrmals in Heilanstalten sein, nach 1945, weil er in den langen Jahren seiner Kriegsgefangen-

schaft in Russland perfekt Russisch konnte, Dolmetscher beim sowjetischen Direktor der Kölnischwasser-Fabrik 4711 und dann später selbst Direktor sein, obgleich er eigentlich nur gelernter Schriftsetzer war, im vorgerückten Alter würde auch seine Krankheit zur Ruhe kommen und ihm ein paar friedliche Jahre bescheren; Maria, die spätere Mutter meiner Frau, ein pausbackiges Kind mit den damals üblichen Stoppellocken, sie würde einmal radikaler als ihr Vater und Kommunistin werden, das auch unter den Nazis bleiben, als dienstverpflichtete Straßenbahnschaffnerin aktiv Widerstand leisten und nur durch Zufall den Fängen der allmächtigen Gestapo entgehen, die fast alle Widerständler des Straßenbahnhofs Favoriten ausforschte und hinrichtete; Rosa, das spätere schwarze Schaf der Familie, weil sie nicht so wollte wie ihr Vater Carl; und schließlich der fast noch gesichtslose kleine Viktor, der wegen seines für den Körper ein wenig zu großen Kopfes »Plutzer« genannt wurde.

Ich weiß von den Großeltern meiner Frau nur, dass sie einander in den 90er-Jahren des 18. Jahrhunderts in einem von kleinen Leuten frequentierten Gasthaus, im Böhmischen Prater am Laaer Berg, in dem es samstags zu den Klängen einer böhmischen Blaskapelle auch Tanz gab, kennen und lieben lernten, bald drauf heirateten, lange Zeit keine eigene Wohnung hatten, sondern von einem Untermietkabinett zum anderen kreuz und quer durch Favoriten zogen, Kinder bekamen und erst im Jahr 1897 als Hauptmieter in ihre neue Wohnung in der Anzengrubergasse im 5. Bezirk, Margareten, ziehen konnten.

Heute lebt von ihnen keiner mehr: Der Großvater starb nach langem Krebsleiden im Jahr 1933, kurz bevor auch seine geliebte Sozialdemokratische Partei unter dem Gewehr- und Kanonenfeuer der austrofaschistischen Regierung Dollfuß ihr Leben ließ, und in den folgenden Jahren, früher oder später, holte sich der Tod auch alle anderen der Familie Schlund, wann genau weiß ich, der es nie mit Zahlen hatte, nicht, es ist aber auf dem großen grauen Grabstein im Ur-

nenhain nachzulesen, der seinerzeit, knapp nach dem Tod seines Vaters, von Stefan eigenhändig bei einem Wiener Steinmetz gemacht und im Urnenhain aufgestellt wurde.
Stefan hatte diesen Grabstein deutlich vor sich gesehen, als er an der russischen Front Schreckliches, über das er aber nie sprach, erlebt haben musste und seither von schizophrenen Schüben heimgesucht wurde, er wusste von dem Stein, dass er grau sein, nach vielen Jahren neun Namen tragen würde und von keinem Fremden, sondern von ihm gemacht werden musste – Stefan war wegen seiner Krankheit zeitlebens ein Problem für die Familie, besonders unter den Nazis, weil diese ja nicht nur Juden, sondern auch Debile und Geisteskranke als unwertes Leben ansahen, das die gesunde Volksgemeinschaft nur belastete und deshalb ausgeschieden, das heißt umgebracht werden musste. Es gelang der Familie aber, Stefan bei einem Bauern als Knecht unterzubringen, wodurch er, weil die Landwirtschaft kriegswichtig war, überlebte.

Gesehen und daher reif für den Müllcontainer, ließ ich das Foto auf den Boden fallen und nahm mir das nächste vor, das, wenn man so will, einen Teil meiner Ahnen zeigte.
Es war ziemlich vergilbt und zeigte einen Mann mit Schnurr- und Kinnbart, eine eher farblose Frau mit aufgesteckten Haaren und drei ebenso farblose Kinder, zwei Buben und ein Mädchen, die alle leicht schielten.
Der bärtige Mann war mein Großvater mütterlicherseits, die Farblose seine zweite Frau, von der die zwei jüngeren Kinder stammten, und das Mädchen, von seiner ersten, in jungen Jahren an Lungentuberkulose verstorbenen Frau, war meine Mutter.
Von dieser Familie lässt sich wenig sagen: Der Großvater war zur Zeit der Aufnahme Filialleiter beim damaligen *Konsum*, ein unguter jähzorniger Mann, der in späteren Jahren an einer Verkalkung der Gehirnarterien litt, nach mehreren Selbstmordversuchen in der Psychiatrischen Anstalt Am

Steinhof landete, deren Insassen unter den Nazis zum Teil als unheilbare und unnütze Fresser ins Schloss Hartheim transferiert und dort umgebracht wurden.
Ich habe von diesem Mann eigentlich fast keine Erinnerung, er konnte mit Kindern nicht umgehen, war mir gegenüber unzugänglich und ich mochte ihn, der mir uralt vorkam, auch nicht, weil er immer, wenn er uns besuchte, Anordnungen treffen wollte und sich von meinem Vater zeitlebens siezen ließ, was um diese Zeit, in den 30er-Jahren, kaum noch irgendwo vorkam; seine Frau Rosina, also meine Großmutter, habe ich dagegen recht gern gehabt, weil ich als Kind und nachdem mein Vater gestorben war, oft bei ihr gewesen bin, sie war vor ihrer Heirat Herrschaftsköchin bei einer ba-

ronisierten Industriellenfamilie gewesen, die es sich in einer Villa im Nobelbezirk Hietzing gut gehen ließ. Die beiden Onkel und meine Mutter waren damals – das Foto musste irgendwann in den 10er-Jahren des 20. Jahrhunderts gemacht worden sein – eben noch Kinder, unbeschriebene Blätter und sonst nichts, sie hoben sich auch später, als Erwachsene, nicht aus der Masse hervor, der Ältere, Viktor, war später, als ich Elektriker lernte, mein Ausbilder, über den Jüngeren, Franz, weiß ich nur, dass er der Lieblingsbruder meiner Mutter war und uns oft besuchte, sonst weiß ich über ihn kaum was, jedenfalls kamen mir diese Onkel im Grunde nie nahe, übrigens auch meine Mutter nicht, die, glaube ich, nicht besonders viel für mich übrig hatte.

Vor mir lag ein Foto, von dem ich eigentlich nicht wusste, warum es meine Frau aufgehoben hatte. Es stellt etwa 50 Leute dar, zumeist Frauen mittleren Alters und bloß ein paar Männer, die, wie ein über diese Gruppe gespanntes Transparent besagt, am 27. Mai 1930 die Margarine- und Kokosfettfabrik *Kunerol* besucht haben. Ich war damals noch nicht geboren und meine Greti erst etwas über zwei Jahre alt und es gibt auch längst kein *Kunerol* mehr, aber damals war dieses Produkt jedem Wiener genauso geläufig wie das Waschmittel *Persil* oder der *Kathreiner-Kaffee*, jedenfalls sind die meist üppigen Frauen allesamt behütet, weil man in diesen 30er-Jahren der Meinung war, dass jemand, der etwas sein wollte, und das betraf sowohl Frauen wie Männer, keinesfalls mit unbedecktem Kopf auf die Straße gehen durfte, weil das gewöhnlich war, deshalb hatten alle Leute Hüte und die meisten Kinder Mützen auf, die Hutmacher müssen damals gute Geschäfte gemacht haben.
Die Gruppe war damals wohl durch die Fabrik geführt worden, jeder hatte ein mit Kunerol, der gesunden Margarine, bestrichenes Brot und eine Schale des ebenfalls gesunden Malzkaffees bekommen – Bohnenkaffee war 1930, in der Zeit großer Arbeitslosigkeit, etwas Seltenes, das man sich,

wenn überhaupt, nur an Sonn- und Feiertagen leistete –, danach waren die Leute vor eine Kamera gestellt, geknipst und spätere durch ein mit der Post übersandtes Erinnerungsfoto beschenkt worden; Exkursionen waren damals sehr beliebt und aus Reklamegründen für jeden großen Betrieb üblich gewesen.

Auf dem nächsten Foto gibt es sechs Leute, es handelt sich, wie ich aus Erzählungen meiner Frau weiß, um die Familie, aus der Gretis Vater entstammte, begüterte Leute, denen es nicht recht war, dass einer aus dieser Familie Chlaupek einfach hinging und die Mutter meiner Frau, Maria Schlund, heiratete, eine junge Schneiderin aus der Vorstadt, in deren Familie es keine Leute mit Titel oder Vermögen, mithin nur Proleten, gab. Vater Chlaupek, ein streng blickender Mann mit sorgfältig gepflegtem aufgedrehtem Schnurrbart, war Direktionsrat bei der damaligen Nordwestbahn, seine Frau, als Gnädige oder Frau Direktionsrat anzusprechen, brachte

vor lauter Stolz darüber nur selten ein Wort gegenüber gewöhnlichen Menschen heraus, und ich kann mir nur schwer vorstellen, wie diese beiden es fertig brachten, vier Kinder in die Welt zu setzen, zwei Mädchen und zwei Buben, von denen einer, Heinrich, der Schwarm meiner Schwiegermutter war, der sie aber nicht heiratete, sondern, der Familie überdrüssig, nach Amerika auswanderte und es in New York schließlich zum Hotelier in der inzwischen übel beleumundeten Bronx brachte, während Gretis Mutter Maria dann den eigentlich ungeliebten zweiten Buben, Toni, heiratete und mit ihm meine Frau zeugte.
Ob die Ehe der beiden gut war, weiß ich nicht, nur, dass sich die Familien Schubert und Chlaupek nicht mochten, weil der soziale Unterschied zu groß war. Das Einzige, was ich von meinen so genannten, mir unbekannten Schwiegereltern weiß, ist, dass Toni Frisör war, nicht schlecht verdiente, sich aber im Gegensatz zu seiner an allem interessierten Maria nur mit Fußball und dem Verehren von damals beliebten Sängern wie Richard Tauber, Benjamino Gigli und Enrico Caruso befasste, aber jedenfalls ein nach Kräften bemühter und treuer Ehemann war; er starb übrigens im Dezember 1938 an Bauchspeicheldrüsenkrebs in einem Spital, das es längst nicht mehr gibt, es nannte sich Wiedner Krankenhaus, und seine letzten Worte waren, wie sein Bettnachbar sagte: »Meine arme Frau, mein armes Kind.«
Sein Tod wurde übrigens vom schizophrenen Schwager Stefan vorausgesehen, der kam damals überraschend in die Margaretengürtelwohnung und sagte zu Tonis Frau: »Maria, zieh dich an. Wir fahren zum Toni ins Spital, weil er stirbt.« Aber als die beiden hinkamen, war schon alles vorüber, stand um Anton Chlaupek, der keine 50 geworden war, ein Paravent und eine der geistlichen Schwestern, welche die Kranken betreuten, sagte ihnen bloß, der Chlaupek – nur der Chlaupek, kein Herr! – wäre ohne geistlichen Trost von hinnen gegangen.
Im gleichen Krankenhaus starb, ein Jahr später, auch mein

Vater, auch er ohne geistlichen Trost, weil er der Meinung war, dass er, wenn es überhaupt einen Herrgott gab, diesem sowieso bald gegenüberstehen werde und er daher die Vermittlung eines Agenten nicht brauche.

Es fanden sich mehrere Fotos aus meiner frühen Kinderzeit. Auf dem ältesten sitze ich, viel zu dick, mit wurstartig abstehenden Armen und Beinen und einem dicken Kopf auf einem mit einer Decke belegten Sessel und glotze wie ein Autist an der Kamera vorbei, die damals, 1932, noch mit Fotoplatten und einem handgezündeten Blitzlicht betrieben wurde.
Auf der Rückseite des nächsten Bildes finde ich eine handgeschriebene Notiz meines Vaters: *Ernsti, 1 Jahr alt und ein schönes Kind*, aber das war ich damals nicht und bin auch nie ein auch nur annähernd schöner Mann gewesen, hatte

vielleicht in meinen 20er-Jahren etwas Einnehmendes, aber das ist natürlich lange vorbei, und wenn ich heute in den Spiegel schaue, sehe ich einen alten, stumpfen und verdrossenen, voll geschorenen Mann, dessen schmallippiger, nach unten verzogener Mund andeutet, dass er schon lange nicht mehr in befreiendem Lachen verzogen war, und dessen abwesender Blick zeigt, dass er im Großen und Ganzen mit der Welt nichts mehr zu tun haben will.

Dann gibt es die üblichen anderen Aufnahmen, etwa des Sechsjährigen, einmal im damals üblichen, ja geradezu vorgeschriebenen Matrosenanzug und mit einer lächerlichen bebänderten Mütze mit der Aufschrift *Donauflottille* auf dem Kopf, eines mit mir in von der Mutter handgestricktem Pullover und kurzer speckiger Lederhose, eines im Bauernjanker, dann etliche, die mich ebenfalls im Knabenalter zeigen, später, als ich bereits an die 20 war, in Mantel mit Hut – diesen von Papesch, was ein Muss war und alle Halbstarken wie amerikanische Mafiosi aussehen ließ –, es war die Zeit, in der ich körperlich fit, aber sonst verklemmt war, nichts mit normalen Frauen oder Mädchen im Sinn hatte, sondern zu den Huren ging um mich zu erleichtern und dabei eine ganz besondere, Julie Emsenhuber, von mir Julie-Tante genannte, bevorzugte, obgleich sie älter als meine Mutter war.

Mein Gott, die Julie-Tante …
Ich besitze kein Foto von ihr, habe sie aber trotzdem bildlich und lebhhaft in Erinnerung, sie hatte, wahrscheinlich meiner Jugend wegen, eine Vorliebe für mich und ließ mich daher gratis mit ihr, wie man euphemistisch sagt, schlafen, sie war eine kaum 1,50 Meter große dicke Frau mit riesigen Brüsten und aufgeworfenen Lippen, hatte eine Vorliebe für auffallende, in schreienden Farben gehaltene Hüte, stand zuerst vor dem Hotel *Römischer Kaiser* in der Annagasse im 1. Bezirk, wechselte dann, als sie für diesen Strich zu alt

war, in den 4. Bezirk und wartete gegenüber ihrem Wohnhaus in der Schleifmühlgasse auf Kunden.
Sie war eine gute warmherzige Frau. Dass sie bloß eine alte, längst aus der Form gegangene Hure war, spielte für mich keine Rolle, ich hatte sie gern und belächelte ihre Vorliebe für Blumen vor den Fenstern, die ihr sogar einmal einen 1. Preis bei der Aktion *Wien im Blumenschmuck* eingebracht hatte, und ihre aufreizenden Dessous, die aber nicht im Stande waren, ihre umfänglichen Brüste und ihren monströsen Hintern zu bändigen, und es tat mir Leid, dass sie, wie ich in der Zeitung las, als ich bereits verheiratet war, mit Huren nichts mehr im Sinn und Julie vergessen hatte, in ihrer Wohnung von einem Psychopathen ermordet worden war, der damals zwar lebenslänglich bekam, heute aber längst wieder auf freiem Fuß ist und irgendwo in Wien als alter Mann lebt. Ob er sich an die alte Julie-Tante mit der gleichen Rührung wie ich erinnert, weiß ich nicht.

Auf den nächsten zwei Fotos sehe ich meine Greti, als sie etwa drei oder vier Jahre alt war.
Auf dem ersten steht sie, mit neckischem Hemdhöschen bekleidet und den Bowler-Hat oder, wie wir in Wien sagen, die steife Butten ihres Schlund-Opas auf dem Blondhaar und schelmisch-kokett ins Objektiv lächelnd, in einem Kinderbett, auf dem zweiten steht sie im Pyjama vor einem großen Spiegel, lächelt couragierter ihrem Spiegelbild entgegen, neben ihr steht ein Stoffhündchen, einer der damals beliebten, heute aber kaum mehr zu sehenden Foxterrier, und sie weiß noch nichts von dem, was das Leben für sie an Gutem und Bösen bereithält, noch nichts von dem Tag, an dem ihre Stunde schlug und sie mit hochgerutschtem Nachthemd auf dem Boden des Evangelischen Krankenhauses liegen und tot sein wird.
Ich sah sie aber wieder vor mir liegen, kämpfte mit den Tränen und fand kaum einen Trost in den mir geläufigen Worten eines chinesischen Zen-Mönchs aus der Tang-Zeit, dass

es ja nur Träume aus Träumen von Träumen und kein wirkliches Leben gibt, musste auch an das Bushido, die Maxime der buddhistischen japanischen Samurais denken, nach der zwar das Schwert des Samurais durch die Frühlingsluft fährt, aber von keinem geführt wird und niemand tötet.
Aber als ich auf das Foto und meine Greti in den Spiegel lächeln sah, fühlte ich trotzdem, wie das Schwert, das von keinem Samurai, sondern dem Leben geführt wurde, durch mich hindurchdrang, sodass ich mit dem Durchsehen der alten Familienfotos vorübergehend aufhören musste.

Später nahm ich mir die nächsten Fotos vor. Es waren zwei, die meinen Vater in jungen Jahren, als etwa 25-Jährigen, mit Anzug, Hut und einem Stöckchen in der Hand, und dann als Soldaten zeigten, und mir wurde wieder einmal deutlich, dass ich von dem Mann, der mich gezeugt hatte, fast nichts wusste, außer dass er einer kinderreichen sozialdemokratischen Familie entstammte, mit meiner Mutter eine halbwegs intakte Ehe geführt hatte, schon vor meiner Geburt an Lungentuberkulose litt und später, wie ich ihn in Erinnerung habe, vor seinem Tod mit 43 ein verhärmter Mann mit fast erloschenem Blick war, gebeugt, hohlbrüstig und ständig hustend sein oft blutdurchsetztes Sputum in einer dunkelblauen Flasche deponierte, die er zwecks Kontrolle von der damals so genannten *Lungenfürsorge* erhalten hatte.

Mein Vater hat mich im Gegensatz zur Mutter nie geschlagen, sondern mich fast immer wie einen Erwachsenen behandelt und mir meine Fehler und mein Fehlverhalten nicht herauszuprügeln, sondern zu erklären versucht, damit sie nicht wieder vorkamen. Er dürfte, denke ich, ein allgemein beliebter ruhiger Mann, wenn auch nicht der gewesen sein, den sich meine leidenschaftliche Mutter gewünscht hatte, denn ein Mann, der ständig mit Atemnot kämpft und ab und zu Blut spuckt, kann im Bett sicher nicht allzu viel bringen – obgleich der Volksmund sagt, Lungenkranke seien sexuell besonders aktiv, vielleicht weil sie wissen, dass ihre Zeit bald vorbei ist und sie jeden Funken Leben noch genießen wollen.

Mein Vater war gelernter Schriftsetzer, wie sein Vater und alle Brüder, es schien für die Männer der Familie keinen anderen Beruf zu geben, verlor aber wegen seiner Krankheit bald die sichere Stellung beim damaligen *Wiener Tagblatt*, war dann entweder arbeitslos oder in irgendeiner Heilanstalt, arbeitete kurz als Autobusschaffner oder als Aushilfe in einer Druckerei.

Er starb einige Monate nach der Machtergreifung Hitlers in Österreich, nach der er, weil es im *Tagblatt* viele Juden gab, die zunächst hinausgeworfen und dann vergast wurden, wieder – wenn auch nur für kurze Zeit – eingestellt wurde, weil die Zeitung ja erscheinen musste.

Sein Tod im Wiedner Krankenhaus war elend und ungerecht, denn man schob ihn, weil er geistlichen Beistand und auch die Letzte Ölung verweigerte, noch als Lebenden in eine Abstellkammer, in der er, allein gelassen, an seinem austretenden Lungenblut erstickte. Auch seine Aufbahrung in der Simmeringer Feuerhalle war geradezu grotesk, weil er, der überzeugte Sozialdemokrat, der nur wegen seines Lun-

genleidens nicht als Schutzbündler an den Februarkämpfen des Jahres 1934 teilgenommen hatte, unglücklicherweise der erste Tote im Betrieb seit der Machtübernahme durch die Nazis war, was von diesen weidlich ausgenützt wurde. An seinem Sarg gab es Kränze mit Hakenkreuzschleifen und der neue, aus dem so genannten Altreich stammende Generaldirektor hielt in SS-Uniform eine zündende Rede, in der er sagte, der Volksgenosse Hinterberger sei einer der letzten Toten des Schuschnigg-Regimes, das seine Menschen habe in Not, Elend und Krankheit verkommen lassen, was jetzt, nachdem die Nationalsozialisten an der Macht waren, nie mehr vorkommen könne, weil es das erklärte Ziel des Führers Adolf Hitler sei, jedem Volksgenossen ein menschenwürdiges Leben zu bieten und sie alle, ob politische Leiter, Soldaten oder Arbeiter des Hirns oder der Faust, von den gleichen deutschen Müttern abstammten und von den Nationalsozialisten in einem tausendjährigen Reich vereint und nach Jahren des Elends und jüdischer Herrschaft dem Glück zugeführt würden, das jedem Arier angemessen sei.
Hätte mein Vater diese Rede hören können, würde er sich bestimmt im Sarg umgedreht haben, weil er ein eingefleischter Gegner der Nazis war, sie allesamt für Verbrecher hielt und davon überzeugt war, dass sie einen zweiten Weltkrieg entfesseln würden, gegen den sich der erste vergleichsweise harmlos ausnehmen würde. Aber er war eben tot und zum Schweigen gebracht und ebenso schwiegen meine Mutter und die ebenfalls sozialdemokratischen Verwandten, weil es angesichts der schwarzen Uniform mit der silbernen SS-Rune und dem Totenkopf am Kragen des Redners nichts zu erwidern gab, schließlich waren schon die ersten Transporte von Regimegegnern in die deutschen Konzentrationslager abgegangen und niemand wusste, was mit den Leuten dort geschah.

Ich erinnere mich auch genau, wie meiner Mutter der Tod ihres Gatten mitgeteilt wurde:

Sie stand damals in der Küche und bereitete unser Mittagessen vor, so genannte Augsburger Würste mit Erdäpfelschmarren, als es an der Türe klopfte, meine Mutter öffnete und ein Mann mit Aktentasche draußen stand, der fragte: »Hat hier ein gewisser Leopold Hinterberger gewohnt?«, was natürlich klar machte, dass es den Leopold Hinterberger nicht mehr gab und es sich bei dem Mann um den Agenten einer Bestattungsfirma handelte, der mit meiner Mutter ins Geschäft kommen und sich ein paar Mark als Provision verdienen wollte.

Und plötzlich musste ich an meinen Schani-Onkel denken und begann in den Fotos zunächst der bereits da liegenden, dann in denen der anderen Schuhschachteln zu wühlen, bis ich endlich eines von ihm fand, das ihn 1917 am Tisch eines Ateliers sitzend zeigt.

Eigentlich hat mich ja weder mein Vater, weil er zu krank dazu war, noch meine Mutter, sondern der Schani-Onkel eroder vielleicht auch verzogen. Er war aber nicht mein, sondern der Onkel meiner Mutter und der Bruder des Großvaters, den die Nazis umgebracht haben.

Beide Männer hatten keine schöne Jugend gehabt, ihr Vater starb früh, weil er unmäßig soff und sich, als er sein verfehltes Leben erkannte, an einem Pfeiler der alten Reichsbrücke erhängte, und die Mutter, ebenfalls Alkoholikerin, hatte immer wieder Schübe temporären Irrseins und war oft monatelang in der Psychiatrie, sodass die beiden Buben auf sich und drei jüngere Schwestern achten mussten. Vielleicht war diese traurige Jugend ein Grund, warum der Schani-Onkel nie geheiratet und auch sonst nichts mit Frauen im Sinn gehabt hat, ein anderer möglicherweise, dass er für einen Mann klein, schwächlich und mit einem zwar nicht großen, aber doch erkennbaren linksseitigen Höcker behaftet war.

Er war Vergoldergeselle und ein stiller, ja furchtsamer und, im Gegensatz zu seinem herrischen Bruder, friedfertiger Mann, bewohnte allein eine Zimmer-Küche-Kabinett-Woh-

nung im hinteren Trakt eines Hauses in der Margaretner Kohlgasse, ließ dann meine Eltern bei sich wohnen, weil er fand, dass das schlauchförmige Kabinett, dessen einziges Fenster auf eine Reihe von Hinterhöfen mündete, für ihn groß genug war.
Der Schani-Onkel und ich verbrachten viel Zeit miteinander. Wir besuchten die Kindervorstellungen im nahen Metropol-Kino am damals noch unverbauten Heumarkt, machten lange Spaziergänge an der Donau, wo ich, bevor sie abgerissen wurde, noch die letzte in Betrieb befindliche Schiffsmühle sah, nach denen Kaisermühlen seinen Namen hat, oder waren in Schönbrunn, wo ich immer ein Himbeer-

wasser bekam, er machte mir auch eine etwa 2 x 1 Meter große Anlage für meine Märklin-Spielzeugeisenbahn, mit kleinen Seen, Hügeln und einem Berg mit Tunnel, vor der wir dann mit für Kinder bestimmten roten Fahrdienstleiterkappen unsere zwei Züge, einen mit Personen- und einen mit Lastwagen, fahren ließen.

Der Schani-Onkel und ich waren eigentlich wie zwei sehr ungleich alte Geschwister und wir bastelten uns eine nur für uns geltende hermetische kleine Welt zusammen, die schöner als die wirkliche war und in der es weder Lungenkranke, grölende Nazihorden, Judenverfolgung und Krieg noch die übliche Gehässigkeit der Menschen zueinander, sondern nur uns zwei gab.

Dieses Idyll brach allerdings jäh auseinander, als ich alt genug war, ins Deutsche Jungvolk einzutreten, vom Beisammensein mit Gleichaltrigen begeistert war und ein Vasall des Führers Adolf Hitler wurde, mich, freilich nur mit sehr mäßigem Erfolg, bemühte, getreu seiner Worte als *flink wie ein Windhund, zäh wie Leder und hart wie Kruppstahl* erweisen wollte, gern im Braunhemd und mit dem am Koppel hängenden Fahrtendolch umherging, das U-Bootfahrerlied *Denn wir fahren gegen Engeland* und *Es zittern die morschen Knochen* schmetterte, entweder U-Bootfahrer oder MG-Schütze in der Bugkanzel eines He111-Bombers werden, zumindest aber, wenn der Krieg so lange dauerte, auf irgendwelchen Schlachtfeldern den Heldentod sterben und schnurgerade in die Walhalla eingehen wollte, in der sicher meine damaligen Vorbilder, vor allem aber der grimme unbeugsame Hagen von Tronje versammelt waren – ich war damals auf das Buch *Die deutschen Heldensagen* versessen, konnte es fast auswendig und fühlte mich in meinen Wachträumen wie einer von ihnen.

Natürlich waren das alles Dinge, dem Schani-Onkel, der ein ruhiger, friedlicher und fast zu jedermann überfreundlicher Mann war, zutiefst zuwider und ich sicher eine der Enttäuschungen seines Lebens.

Er begann dann im Jahr 1944 zu kränkeln, verfiel merklich, legte sich eines frühen Wintertages in sein einfaches eisernes Feldbett, das dem des Kaisers Franz Joseph zum Verwechseln ähnelte, starb bald darauf auch darin, blieb, weil es an der so genannten Heimatfront schon überall bröckelte, es dauernd Fliegerangriffe und Zerstörungen gab, als Leiche drin liegen, wurde erst nach gut einer Woche, als sich sein Körper schon zu zersetzen begann, abgeholt, bekam auch kein ordnungsgemäßes Begräbnis.
Die Leichen wurden damals ja bereits in Papiersäcken aufbewahrt und nur zur Aufbahrung in Särge gelegt, während die Kremation wieder in einem Papiersack erfolgte, zudem bekam die Feuerhalle, in deren Kellern die Leichen bis zur Kremation aufbewahrt wurden, einige Bombentreffer ab, wodurch vom Schani-Onkel und einigen anderen Leichen nur mehr oder weniger unkenntliche Teile übrig blieben, die dann in einem namenlosen Massengrab – ob kremiert oder nicht, weiß ich nicht – verscharrt wurden.
Was vom Schani-Onkel zu erben war, fiel infolge eines mit Bleistift auf einen Zettel geschriebenen Testaments mir und meinem Cousin Erich zu, es war nicht viel, nur 20 Reichsmark, ein paar fadenscheinige Hemden, etwas Wäsche, zwei Paar hohe Schnürschuhe, ein schwarzer Anzug aus seiner Jugendzeit, ein abgeschabter Wintermantel mit Samtkragen, seine stahlgefasste Brille und die unförmige Zahnprothese, wie man sie damals trug.
Leider konnte ich nie ermitteln, an welcher Stelle mein Schani-Onkel im weitläufigen Urnenhain das fand, was man die letzte Ruhestätte nennt. Er ist von mir aber trotz des fehlenden Grabes nicht vergessen worden. Denn wer im Herzen eines Menschen weiterlebt, ist nicht gestorben, und solange es mich gibt, wird es auch ihn geben.

Auf dem nächsten etwas verwackelten Foto stehe ich, etwa sieben oder acht Jahre alt, noch immer viel zu dick, mit Riemensandalen, weißer Trägerhose und einem dünkleren Leibchen, mit finsterem Gesicht im damaligen Rosenpark am Margaretengürtel, einem lang gestreckten schmalen Park, den es längst nicht mehr gibt.

Er musste zu einem Teil der Verbreiterung der viel befahrenen Gürtelstraße weichen, wurde zum anderen in einen großen Parkplatz verwandelt, man hört dort kein Geschrei spielender Kinder mehr, sondern nur den Lärm der meist in Kolonnen fahrenden Autos, die früher neben ihm verlaufenden Straßenbahngleise wurden unter die Erde verlegt, von der einstigen kleinen Großstadtoase ist außer einer Betondecke nichts mehr geblieben.

Neben mir steht eine kleine, durch einen für ihren Körper riesigen Höcker entstellte Frau mit dem Gesicht einer vollendeten engelhaften Schönheit, sie ist etwa 30 Jahre alt, hieß Maria, war eine mit mir irgendwie um fünf Ecken Verwandte mütterlicherseits, die uns eigentlich nie besucht hatte und, weiß der Teufel wie, wahrscheinlich durch einen Zufall an diesem Tag ebenfalls im Rosenpark war.

Sie hatte, wie ich als bereits Erwachsener von meiner Mutter erfuhr, in den frühen 40er-Jahren, also nach der Zeit der Aufnahme, ein Verhältnis mit einem italienischen, wie es damals hieß, Fremdarbeiter, was natürlich streng verboten war, weil die Italiener damals ja nicht mehr unsere Verbündeten, sondern Feinde waren, und das hätte sie ins Gefängnis oder sogar ins KZ bringen können.

Im Spätherbst 1944 soll Maria gemerkt haben, dass sie von ihrem Italiener schwanger war, und als der es erfuhr, setzte er sich stillschweigend, angeblich durch die Fronten, in seine sizilianische Heimat oder sonstwohin ab; und ebenso angeblich soll Maria, bereits hochschwanger, versucht haben ihm nach Sizilien zu folgen und dabei entweder in irgendeinem italienischen Fluss, den sie durchschwimmen wollte, ertrunken oder, was meine Mutter variierte, unterwegs in einem Zug das Kind zur Welt gebracht, aber dann mit dem Baby und allen anderen Fahrgästen ums Leben gekommen sein, als ihn amerikanische Tiefflieger in Brand schossen.

Sei dem wie immer: Ich habe vor Jahren auf der Straße eine kleine verkrüppelte alte Frau mit noch immer jugendlich schönem Gesicht in Begleitung einer um etwa 30 Jahre Jüngeren gesehen, möchte fast drauf schwören, dass das Maria und ihre Tochter gewesen waren, konnte aber natürlich nicht hingehen und die beiden ansprechen, was wusste ich schon von ihnen außer dem Namen Maria, und es war ja nach so vielen Jahren wohl auch gleichgültig, ob sie es tatsächlich oder mir unbekannte Leute waren.
Meine Mutter konnte die tragische Geschichte Marias aber auch nur erfunden haben, sie war im Geschichtenerfinden groß, nahm es dabei mit der Wahrheit nicht so genau; bei dieser Gelegenheit fällt mir eine andere ihrer Geschichten ein: Sie handelte von einer ebenfalls nur vage Verwandten, die ein armes Mädel war, aber um 1910 herum, angeblich in einem berühmten Vorstadtlokal – es nannte sich *Weigls Dreherpark* und befand sich beim Meidlinger Eingang von Schönbrunn – zur Schönheitskönigin für eine Nacht gewählt worden war, einige reiche Freunde gehabt, sich aber dann in einen ungarischen Offizier so verliebt haben sollte, dass sie sich aus dem Fenster stürzte, als sie von ihm verlassen wurde; sie soll als die »schöne Milli« in ganz Meidling bekannt gewesen sein.
Das nächste Foto stammt, das weiß ich genau, aus dem Sommer des Jahres 1945 und zeigt eine Gruppe von jungen Leuten, die neben einem Lastwagen der britischen Armee stehen und lachend entweder Schaufeln, Spitzhacken oder Bierflaschen in die Höhe halten.
Es war damals wenige Monate nach Kriegsende, die erst ganz Wien erfassende Zone der sowjetischen Besatzungsmacht war von der Regelung abgelöst worden, dass Wien in vier Besatzungszonen unterteilt wurde, wobei jede Macht einige Bezirke kontrollierte, der 1. Bezirk aber international, das heißt von allen vier Sieger- oder Befreiungsmächten Sowjetunion, Großbritannien, Amerika und Frankreich besetzt war. Damals entstanden auch die heute nicht einmal mehr

Legende seienden *Vier im Jeep*, was bedeutete, dass in einem dieser Wagen der internationalen Militärpolizei jeweils ein Russe, ein Brite, ein Ami und ein Franzose saßen, wobei die Kommandogewalt über den Wagen jeweils dem Militärpolizisten zustand, dessen Land auch den monatlich wechselnden Vorsitz in der Alliierten Hochkommission auf dem Schwarzenberg-, damals und bis 1955 jedoch Stalinplatz, innehatte.

Ich weiß nicht mehr, wie es in anderen Wiener Bezirken war, aber im 5., der der britischen Zone angehörte, wurde im Sommer 1945 von der Besatzungsmacht eine große Reinigungsaktion angeordnet. Unsere Straßen und Gassen waren ja von teilweise oder ganz durch Bomben oder Artilleriefeuer zerstörten Häusern, deren Fassaden eine Gefahr darstellten, gesäumt, auch auf den Straßen gab es überall noch Berge von Schutt und Bombentrichter, es schaute nicht schön aus.

Damals gab es eine Art überparteiliche Dachorganisation der diversen neu gegründeten Jugendverbände aller zugelassenen politischen Richtungen, die sich, glaube ich, *Jugendring* nannte und gemeinsam mit der Besatzungsmacht die unmittelbarsten Kriegsschäden zu beseitigen suchte. Das spielte sich so ab, dass die Briten Armeelastwagen samt Chauffeur und Werkzeug zur Verfügung stellten, während die Räumarbeiten, so weit wie ohne schweres Gerät möglich, von Mitgliedern der Jugendorganisationen in deren Freizeit gemacht wurden.

Wir waren damals alle gern bei der Sache, denn wir fanden es schön, aus freiem Willen und nicht unter dem Befehl von Hitlerjugend-Führern zu arbeiten, außerdem gab es von den Engländern für jede Arbeitskraft pro Einsatz eine Flasche Bier und fünf Golden-Flake-Zigaretten, und die Arbeit mit Burschen und Mädchen aus anderen Jugendorganisationen war auch nicht durch die verschiedenen statt der Naziideologie herrschenden Doktrinen wie Kommunismus, Sozialismus oder Christentum belastet, wir waren alle jung, glaub-

ten eine neue und bessere Welt als die der vorigen Generationen aufbauen zu können und freuten uns des Lebens.
Wenig später, im Spätherbst, war die Stimmung unter uns Jugendlichen durch den Einfluss der Erwachsenen ja bereits wieder von politischen Doktrinen vergiftet. Wir verkehrten kaum mehr mit Leuten aus anderen Organisationen, meine, die Freie Österreichische Jugend FÖJ, war, obgleich sie sich als überparteilich darzustellen suchte, das nicht wirklich, sondern von den Kommunisten abhängig, wir wurden von der KPÖ auch für den eben laufenden ersten Wahlkampf nach Zusammenbruch der Naziherrschaft eingespannt, klebten nächtlich Plakate, beschmierten Hauswände mit Parolen, hatten Raufereien mit anderen politischen Gruppen, die das Gleiche wie wir taten, um ihrer Partei einen möglichst großen Stimmenanteil zu verschaffen.
Das damalige Wahlergebnis war für uns FÖJ-ler und die KPÖ geradezu vernichtend: Die christlichsoziale ÖVP brachte es im November 1945 auf 85, die SPÖ auf 76 und die KPÖ bloß auf 4 Mandate im Nationalrat, mit denen sie natürlich überhaupt nichts bewirken konnte, und es zeigte sich, dass die Österreicher, von denen vor kurzem noch viele begeisterte Ostmärker und Nazis oder zumindest Mitläufer gewesen waren, die NS-Zeit so gut wie vergessen hatten und sich wie früher wieder in die mehr oder weniger gleich großen Gruppen von Christlichen und Sozialdemokraten eingefügt hatten. Man ließ sich auch wieder in eine dieser beiden Parteien einschreiben, weil jeder etwas brauchte und ohne Parteibuch im Grunde nichts ging.
Wenn ich heute dieses Foto anschaue, wird mir, wie in den letzten Tagen, wieder einmal bewusst, dass der Mensch, wie in einem japanischen Gedicht beschrieben, kaum mehr als ein Tautropfen auf einem Ast ist, der der aufgehenden Sonne nicht standzuhalten vermag, denn von den etwa 20 Leuten auf dem Foto lebt außer mir keiner mehr.
Greti, damals noch längst nicht meine Frau, sondern ein junges Mädchen mit Blondschopf und zwei großen oberen

Vorderzähnen, ist tot, der Franzl, von uns Patschi genannt, starb geistig umnachtet vor etwa einem Jahr, Helga ist in den 50er-Jahren nach Kanada ausgewandert und lebt wahrscheinlich auch nicht mehr, der in die Schweiz ausgewanderte Buddy hat dort reich geheiratet, ist aber schon mit knapp 50 gestorben, die kleine dunkle Karla und die große schlanke und blonde Kitty, in die ich und andere gleichermaßen erfolglos verliebt waren, gibt es nicht mehr, Kitty ist erst unlängst, wenige Wochen vor meiner Greti, gestorben – ich erinnere mich noch genau, wie verfallen ich Kittys strahlend blauen Augen und ihren schlanken Beinen war und darunter litt, dass sie mich einfach übersah –, auch die burschennärrische Olly, der sanfte und gern singende Harry und der Rest der Gruppe lebt nicht mehr, sie alle sind auf die eine oder andere Weise aus der Welt gegangen und auch ich werde ja nicht mehr allzu lange leben.
Für uns alle, die wir damals jung waren, gilt jetzt der Text des ein bisschen rührselig-kitschigen alten Wienerliedes *'S wird schöne Maderln geb'n – und wir wer'n nimmer leb'n.* Na, auch wurscht, scheiss drauf, auch kein Malheur. In einer Welt wie der heutigen, in der nur zählt, was jung, fit und *mega* oder *in* ist, sind wir paar übergebliebenen Alten sowieso nur mehr Schatten und alte Trottel, genau solche Relikte, wie wir, die damals Jungen, die alten Leute gesehen haben.

Das nächste Foto zeigt mir meine Schwiegermutter, die ich freilich nur von Fotos und Erzählungen meiner Frau kenne, weil sie Anfang des Jahres 1946 – als ich noch ein Bub war, zwar schon auf »die Weiber« schaute, aber wegen meiner Kleinheit und Schüchternheit logischerweise keine Chance bei ihnen hatte – bereits gestorben ist.
Sie war eine füllige, vielleicht sogar ein bisschen dickliche junge Frau mit dem typischen runden Gesicht und der fleischigen Nase, die alle aus der Familie Schlund aufweisen, damals etwa 20 Jahre alt und in einem Kostüm, das wahr-

scheinlich einen Pagen, vielleicht auch einen Knappen darstellen soll.
Sie steht in einem der damals schauerlichen Fotoateliers, die alle mit Dekorationen und Blumen überladen waren und vielleicht an das berühmte, ungeheuer kitschige Atelier des Malers Hans Makart erinnern wollten, trägt eine kaum bis zu den Knien reichende Pluderhose, die ihre strammen seidenbestrumpften Beine zur Geltung kommen lassen, und ein für die vollen Brüste zu knapp sitzendes Wams mit durchbrochenen kurzen Ärmeln, hat auf dem üppigen, modisch kurz geschnittenen dichten Haar ein Barett und schaut lächelnd ins Objektiv. Stützt sich mit der rechten Hand leicht auf ein dreibeiniges Tischchen, lässt in der linken eine Halbmaske baumeln und fiebert offensichtlich einem Ball entgegen. Sie war damals etwa 20 oder knapp darüber und muss bei durchnittlicher Größe sicher 80 Kilo oder mehr auf die Waage gebracht haben. Bestimmt war sie damals stolz auf ihr selbst geschneidertes Kostüm, sie war ja Modellschneiderin und in einem erstklassigen Damensalon beschäftigt, machte sich sicher Hoffnungen auf einen feschen Ballkavalier und einen schönen Abend, sah den Himmel offen und dachte nicht daran, dass sie wenige Jahre später von einer Wirklichkeit eingeholt werden, nicht den von ihr geliebten Mann, sondern dessen Bruder heiraten und mit ihm eine eigentlich kurze Ehe führen, ihn dann begraben und mit einem Kind allein dastehen würde, die ihr und der ganzen Familie verhasste Nazizeit als Widerstandskämpferin immer mit einem Fuß im Grab stehend erleben und schließlich, wie ihr Vater Carl, ein langes Siechtum und qualvollen Tod zu erwarten hatte, weil das alles war, was dem stolz lächelnden und hoffnungsvollen Pagen auf dem Foto vom Leben geboten werden würde.

Ich hätte meine Schwiegermutter gern gekannt, sie muss, den Erzählungen meiner Frau nach, eine sehr gefühlswarme, an vielem interessierte, geistig unabhängige Frau gewesen sein, die sich von keinem was gefallen ließ und nach dem Tod ihres Mannes mit keinem anderen mehr einließ, sondern sich nur um ihre Tochter kümmerte und darauf hoffte, die Befreiung Österreichs – oder der damaligen Ostmark – noch erleben zu können, überlebte diese auch, allerdings nur ein knappes Jahr, das, wie nachgelassenen Briefen zu entnehmen ist, voll Kummer darüber war, dass sie ihre noch nicht erwachsene Tochter in einer Welt zurücklassen musste, die keine angenehme war.

Dann stieß ich auf Fotos, die infolge meiner Eitelkeit gemacht wurden und mich als Kampfsportler zeigen. Ich war damals im Alter von etwa 18 bis 22 Jahren, posiere als Boxer, dann im kurzen Kimono des Judokämpfers, auch als Radrennfahrer beim Start eines vielleicht 20 Mann umfassenden Feldes, konnte mich mit einer gewissen Wehmut noch genau erinnern, mit welchen Hoffnungen ich diese Sportarten betrieb, mich in Wachträumen als Profiboxer, Judoka im Schwarzen Gürtel oder als Teilnehmer bei der Tour de France sah, aber natürlich erfüllten sich all diese kindischen Wachträume nicht, weil ich da wie dort unter Durchschnitt und bloß einer von vielen war, als Boxer und Judoka zu langsame Beine hatte und als Radrennfahrer immer nur am Ende des Feldes oder überhaupt abgeschlagen hinterdrein fuhr.
Damals wäre ich gerne berühmt geworden und natürlich wollte ich das mehr als ein Jahrzehnt später auch, als ich zu schreiben begann, dabei zunächst ebenso erfolglos wie als Sportler war.
Heute bin ich als Schriftsteller zwar einigermaßen bekannt, vielleicht sogar berühmt, aber das kam für mich zu spät, meine Eitelkeiten und jeder Geltungsdrang sind längst auf der Strecke geblieben und bei mir kommt darüber keine Freude mehr auf, das Schreiben ist mir zum Automatismus geworden, Preise, Ehrungen und Orden bedeuten mir nur mehr, wenn überhaupt, am Rande etwas, ich bin, wie missliebige

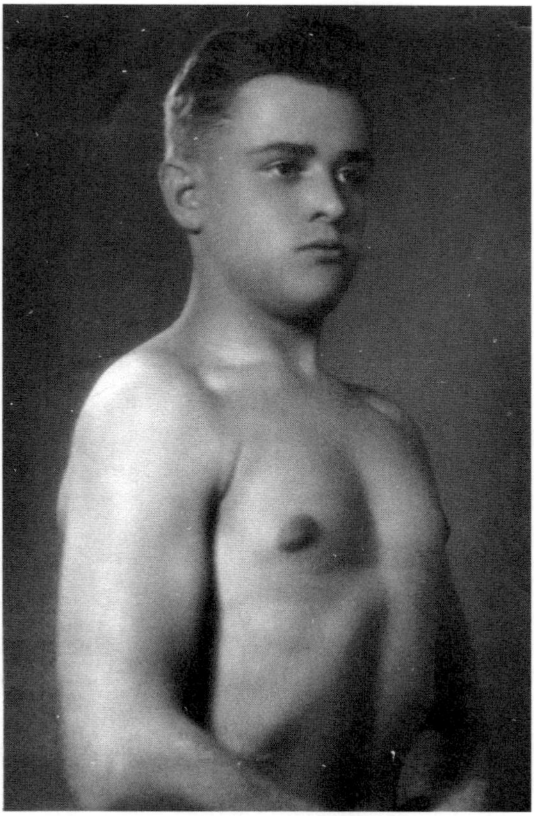

Kollegen meinen, ein alt gewordener G'schichtlerzähler, einer, der, um die Leute zu unterhalten, Geschichten über andere Leute erfindet, die es in Wahrheit nie gegeben hat und die, so scheint es mir, vielleicht bloß als der Versuch anzusehen sind, mein uninteressantes Leben für mich selbst zu kaschieren.

Auf den nächsten Fotos ist mein Stiefsohn Edi zu sehen. Er stammt aus der ersten, nicht gerade glücklichen Ehe meiner Frau und war damals – 1951? – ein zarter weißblonder Bub, der von uns allen wegen seiner Zartheit nach dem damals durch die Kinos geisternden gezeichneten Reh Walt Disneys

Bambi genannt wurde und ein sehr stilles Kind war, das einem jede Zuwendung dankte.
Heute ist er über 50 und kein Rehlein mehr, sondern ein gestandener Mann, nicht mehr ganz so still, aber doch ein Mann leiser Töne, seine Tochter, quasi meine Enkelin, die er als allein erziehender Vater durch die Klippen von Kindheit und Jugend zu steuern sucht, nähert sich heute den 25 und ist eine hübsche, groß gewachsene, blonde, junge Frau.
Ich suchte und fand noch andere Fotos von Edi, die ihn in verschiedenen Lebensaltern und mit meiner Greti und mir, jungen Frauen oder Freunden zeigen, und an seinen wechselnden Haartrachten – erst eher amerikanisch kurz, dann in Beatlesmanier pilzköpfig, später mit fast schulterlangem Haar, wie es die Blumenkinder trugen, und die letzten mit kurzem Vollbart und langsam grau werdendem Haar – sieht man, wie auch für ihn die Zeit fortschreitet.
Ich habe Edi noch als Volksschüler kennen gelernt, als ich seine inzwischen von ihrem ersten Mann geschiedene Mutter heiratete. Wir hatten sofort eine bis heute anhaltende, sich immer mehr vertiefende Beziehung und ich habe ihn immer wie meinen leiblichen Sohn oder, wie es so schön geschwollen heißt, als mein eigenes Fleisch und Blut angesehen und glaube, dass auch er in mir den Vater sieht, was sich als eine der wenigen wirklich guten Seiten in meinem Leben zu Buche schlägt, das sonst sicher viele ungute, nicht sehr schmeichelhafte enthält.
Wenn es, wie die Christen glauben, so was wie die Waagschalen Gottes oder das von den Parsen angenommene und über einem Abgrund schwebende Seil zum Heil gäbe, über das der Gestorbene ins Paradies hinüberwandeln muss, würde sich meine Waagschale senken oder ich von dem Seil ins Bodenlose stürzen. Aber es gibt weder Gott noch dessen Waagschalen und auch kein über einen Abgrund führendes Seil, sondern, wie der Zen-Meister sagt, nur Träume und Träume von Träumen, nichts weiter.
Trotzdem belastet mich viel Versäumtes und Nichtgetanes,

ich war oft und bin vielleicht noch immer egoistisch, habe, ohne besondere Freude oder Dankbarkeit zu zeigen, viele Geschenke, die man mit keinem Geld der Welt zu kaufen vermag, als selbstverständlich hingenommen, kann jetzt, nachdem die meisten Schenkenden und besonders meine Greti nicht mehr sind, nichts mehr tun, auch nicht nachträglich meinen Dank abstatten, denn die Reue ist, wie ein Dichter sagte, ein hinkender Bote: Sie kommt zu spät.
Dabei wären es oft nur wenige oder manchmal überhaupt nur ein Wort, ein Lächeln oder eine kurze Berührung gewesen, aber ich habe sie nicht gesagt oder ausgeführt und jetzt gibt es keine Gelegenheit mehr dazu. Ich sitze, umgeben von fotografierten oder sich meinem Denken aufdrängenden Erinnerungen in meiner, ohne Greti leeren Wohnung am Margaretengürtel, Mitternacht ist längst vorüber, es gibt zwar noch den heraufdringenden Straßenlärm, ich sehe vom Fenster aus die Verkehrsampel auf der Kreuzung von Rot auf Gelb und Grün wechseln und die Lichter der Straßenbeleuchtung, aber in mir ist es dunkel, weil mir die vor mir ausgebreiteten und ins Gehirn eingegrabenen Trümmer meines Lebens die Pupillen schließen.

Trotzdem nehme ich mir das nächste Foto vor, das mich mit einigen jungen Frauen und Männern in einem Zimmer zeigt, das sich in einem bloß zweistöckigen Zinshaus in der Dresdner Straße befand und Jahre vor meiner Ehe mit Greti aufgenommen wurde.
Unserem Gesichtsausdruck nach sind wir alle mehr oder weniger betrunken.
Eine Frau namens Hedy schmiegt sich auf der einen Seite an mich, während ihr damaliger Freund vom Saufen aktionsunfähig ins Leere glotzt, aber trotzdem der neben ihm Sitzenden – Hieß sie Margit? Oder Lotte? – halb an die Brust greift, auf der anderen Seite halte ich eine Blonde an mich gedrückt, ich weiß auch ihren Namen nicht mehr, wohl aber, dass sie in der Forsthausgasse im 20. Bezirk wohnte

und verheiratet war und ich und andere, wenn ihr etwa zehn Jahre älterer Mann als Mitropa-Schlafwagenschaffner in Europa unterwegs war, mit ihr im Bett lagen.
Die hübsche Hedy mit den leicht geschlitzten Augen und hohen Backenknochen war eine Frau mit einer so großen erotischen Ausstrahlung, wie ich vor und nach ihr keine mehr getroffen habe.
Sie wurde nicht nur von mir, sondern von vielen geliebt oder vielmehr begehrt, war geschieden, hatte zwei kleine Kinder, die in dieser Nacht wohl bei ihrer Mutter waren, wurde wegen ihrer zahlreichen Amouren für unersättlich und geil gehalten, ich aber weiß, dass sie bloß eine Frau war, die in dem irrigen Glauben, es müsse für sie doch *den* Mann fürs Leben geben, immer wieder einen neuen in ihr Leben holte, bis sie dahinter kam, dass es wieder nur ein Beischläfer war.
Hedy fand *den* Mann übrigens nie, wurde in ihrer verzweifelten Suche danach eine alte Frau, die schließlich kurz vor ihrem Tod als Klosettbetreuerin in dem Innenstadtrestaurant beschäftigt war, in dem wir Schriftsteller und Schauspieler irgendwas feierten und ich das WC, in dem sie die

Aufsicht hatte, aufsuchen musste, sie aber, weil sie nicht einmal mehr ein Schatten von früher war, nicht erkannte, sie aber mich, mich ansprach und zu erkennen ergab.
Jahre danach erfuhr ich, ich weiß nicht mehr von wem, dass sie, meine und unser aller Hedy, in ihrer Wohnung an einem Herzinfarkt gestorben und erst Tage später aufgefunden worden war.
Die andere Blonde, die möglicherweise Ilse oder Inge, vielleicht auch Irene geheißen hat und sehr leidenschaftlich war, wird sicher auch nicht mehr leben, schließlich war sie auf dem Foto, das mich, wie ich genau weiß, kurz vor meinem Eintritt in die Polizeischule, als 21-Jährigen, zeigt, zumindest 30, wenn nicht älter, müsste also heute, wenn sie noch lebte, über 80 sein.

Daraufhin begann ich nach den wenigen Fotos zu suchen, die mich in der Polizeischule zeigen, in die ich wenige Wochen nach dem besoffenen Foto gekommen bin, das fotografierte Fest war wahrscheinlich als Abschiedsfest für mich arrangiert worden.
Ich hatte damals, 1952, eigentlich keine Zukunft vor mir. War Hilfsarbeiter in einer Metallwarenfabrik in der Högelmüllergasse und arbeitete unter Verhältnissen, die heute sogar ein »Sozialflüchtling« aus der Dritten Welt ablehnen würde. Ein Stockwerk unter Straßenniveau befand sich dort das Materialmagazin, das mit einigen hundert Tonnen auf die Verarbeitung wartenden Stahl- und Messingstangen von Drahtstärke bis zu einem Durchmesser von 80 Millimeter und einer Länge von drei Metern gefüllt war, wir mussten daher, weil die Einfahrt für einen großen Lkw zu schmal war, die fast täglich einlangenden manchmal bis über 100 Kilo schweren Stangen oder Bunde von der Gasse durch die Einfahrt in den Hof schleppen, dann über eine Rutsche in den Keller lassen, was besonders für den unten Stehenden, der die Stangen im Empfang nahm, gefährlich war, um sie dann kurz drauf zu den halb- oder ganz automatischen

Drehbänken teilweise bis in den zweiten Stock hinaufzuschleppen.
Wir hatten uns einmal zum Spaß ausgerechnet, wie viel Kilogramm wir pro Mann in einem Tag bewältigten, und kamen auf rund vier Tonnen, was bestimmt kein Honiglecken war und wofür wir, es war ja die Zeit der ersten großen Arbeitslosigkeit nach dem Krieg, nur wenig und für die Arbeit unzureichenden Lohn erhielten, eigentlich richtig ausgebeutet wurden.
Allerdings taten wir, infolge unserer Blödheit und dem Wusch, der Stärkste zu sein, zu viel und überboten uns im Tragen schwerer Lasten, was unseren Chef natürlich freute. Wir Kulis teilten dieses Los damals mit vielen anderen, die zwar einen Beruf erlernt hatten, ihn aber umständehalber nicht ausüben konnten und froh waren, wenigstens als Hilfsarbeiter unterzukommen, und ebenso natürlich war, dass wir Jungen unter dieser großen Schar bemüht waren, irgendeinen sicheren und besseren Posten entweder beim Staat oder der Gemeinde Wien zu bekommen.
Ich versuchte es damals bei der Polizei, genauer, der Sicherheitswache, die aus allen möglichen Gründen unterbesetzt war und in deren Wachzimmern Plakate mit der Aufschrift *Bist Du jung, gesund und frei, komm zur Wiener Polizei!* affichiert waren, schrieb, weil ich damals noch kein Brillenträger war und alle drei Komponenten auf mich zutrafen, ein Aufnahmegesuch mit den üblichen Floskeln, es wäre mein sehnlichster Wunsch wenn nicht sogar meine Berufung, als Sicherheitswachebeamter für Recht, Ordnung und innere Sicherheit zu sorgen, bestand die nicht sehr schwere Aufnahmsprüfung und rückte kurz vor Weihnachten 1952 in die Rossauer Kaserne ein, wo uns von dem legendären alten Kontrollinspektor Metka alle Flausen heruntergeräumt wurden, indem er drohte, dass jeder, der nicht 200-prozentig spure, von ihm persönlich erst zusammengeschlagen und anschließend hinausgeschmissen würde, was mich veranlasste, mich mit allen Kräften dem damals noch fast mönchisch-

militärischen Betrieb – wir waren ja im Gegensatz zu heute ständig kaserniert und hatten nur jeden dritten Tag ein paar Stunden frei – anzupassen und das, was zu lernen war, auswendig und sozusagen im Schlaf herunterrasseln zu können, was dazu führte, dass ich einerseits in der Polizeischule bald Kompaniebester war, andrerseits aber von meinen kommunistischen Freunden aus der FÖJ in Gedenken an das Jahr 1934, in dem die Polizei keine rühmliche Rolle gespielt hatte, als Verräter und angehender Arbeitermörder bezeichnet wurde – damals hatte die Polizei bei den marxistischen Klassenkämpfern keinen guten Ruf, galt als reaktionär und arbeiterfeindlich, aber tatsächlich waren die Zeiten, in denen die Polizei auf Demonstranten geschossen hatte, längst vorbei.

Ich war jedenfalls mit Leib und Seele Polizist, hatte die Lernphase mit der Beurteilung *Sehr gut* hinter mir und wurde bereits in verschiedenen Wachzimmern, im Kanalzug und dem damaligen Einsatzkommando eingesetzt, begann aber unter einer Sehschwäche zu leiden und bekam eine Brille, womit meine Karriere zu Ende war, weil es damals bei den Uniformierten keine Brillenträger gab. Ich wurde, obgleich ich damals gut in Form, voll austrainiert war und mit fast jedem Gegner fertig geworden wäre, wegen körperlicher Unfähigkeit für diesen Beruf ausgeschieden, landete wieder in der Fabrik und deren Magazin, in dem ich schon vorher gewesen war.

Die kleinen Fotos, von denen eines unsere damalige Kameradschaft 2 im Hof der Rossauer Kaserne und das zweite uns bereits in der Marokkanerkaserne zur Jahreswende 1953/54 im Schulraum zeigt, fand ich zwar nicht, erinnerte mich aber, dass ich von beiden DIN-A4-Vergrößerungen hatte, die mir vor kurzem zugekommen waren, als der Schauspieler Wolfgang Böck, der den Kriminalbeamten Trautmann in meiner gleichnamigen TV-Serie verkörpert und ich als Drehbuchautor infolge besonderer Verdienste, wie es in der betreffenden Urkunde heißt, als Ehrenmitglieder in die Vereinigung der österreichischen Bundeskriminalbeamten aufgenommen wurden – das war übrigens die letzte Ehrung, die meine Frau noch miterlebt hatte und die mich nach dem Rausschmiss vor fast 50 Jahren auf einem Umweg wieder in Verbindung mit der Polizei brachte und mir, wie ein Redner launig bemerkte, die Chance gebracht hatte, am Ende und nach meinem Tod doch noch in den Polizeihimmel zu kommen.

Einige auf diesen Fotos, besonders unsere Lehrer, leben nicht mehr. Ein paar der ehemaligen Kameraden sind noch während ihrer Dienstzeit gestorben, einer brachte sich wegen einer Liebesgeschichte um, zwei andere, die ich mit mir auf einem anderen Foto gefunden habe, soffen sich aus dem gleichen Grund zu Tode, die meisten aber schleppten sich in 35 Jahren durch die Dienstgrade der eingeteilten oder dienstführenden Beamten, nur zwei wurden Leitende und gingen als Oberst in Pension. Wenn wir uns heute, als alte Teppen, ab und zu in einem Lokal treffen, werde ich von den ehemaligen Kameraden noch immer gefragt, ob es mir heute noch Leid tue, damals ohne mein Verschulden gescheitert zu sein. Ich verneine diese Frage regelmäßig, weil ich mit gesunden Augen wahrscheinlich zwar ein Abteilungs- oder Chefinspektor, aber sicher kein Schriftsteller geworden wäre, der durch seine Bücher, Hörspiele und TV-Serien einigermaßen beliebt und bekannt ist.

Aber im Grunde kommt es mir heute, nachdem ich meine Greti verloren habe und auch mein Ende schon vor mir sehe, nicht mehr drauf an, ob ich Polizist, Schriftsteller oder einfach nur ein Mensch geworden bin, der nur mehr wenig oder gar keine Zukunft mehr hat und, wie der Panther in Rilkes Gedicht, als Schauobjekt im Zoo des Lebens, in seinem Käfig umhertappt, hinter dessen tausend Stäben er keine Welt mehr zu erkennen vermag, ab und zu in den *Seitenblicken* oder in Kulturrubriken von Zeitungen als einer der vielen angeblich Prominenten auftaucht, aber diesem

ganzjährigen Karneval der Eitelkeiten innerlich fremd geworden ist.
Es ist natürlich müßig, mich zu fragen, wie ich als Polizist geworden wäre und ob ich zumindest in die Nähe der von mir in Büchern und Fernsehspielen kreierten Kriminalbeamten Hotwagner und Trautmann gekommen wäre oder als bloß uniformiertes oder Zivil tragendes, mit einer Dienstkokarde ausgestattetes Arschloch meinen Dienst versehen hätte. Wie es auch müßig ist, sich den Kopf darüber zu zerbrechen, ob man irgendwann auf seinem Lebensweg hätte anders handeln sollen, als man gehandelt hat, oder was aus einem geworden wäre, hätte einen das oder jenes Ereignis auf einen anderen als den begangenen Weg oder in eine Einbahnstraße geführt, aus der es keine Rückkehr gab.
Diese Erwägungen werden ja vorwiegend von alten Leuten gepflogen, die am Ende ihres Lebens erkennen, dass ihres im Grunde ein verlorenes war und bei einigem Glück hätte ganz anders und erfolgreicher verlaufen können. Ich kenne Dutzende von Leuten, die ihr Leben nach den Worten *Das Glück ist ein Vogerl, gar lieb, aber scheu, es lässt sich*

schwer fangen, aber fortg'flogen ist s glei' bedauern, in ihren Wohnungen oder in Seniorenheimen sitzen, einer missglückten Vergangenheit nachtrauern, nur mehr Luft schnappen, essen und verdauen und drauf warten, mit den Füßen voran hinausgetragen zu werden.

Als Nächstes fiel mir eine Reihe von Fotos in die Hände, die während unseres letzten Urlaubs auf Gran Canaria gemacht wurden und auf denen sowohl meine Greti, teilweise ich wie auch unsere Freunde Rudi und Hanni zu sehen sind.
Wir waren im Vorjahr mit dem um mehr als 20 Jahre jüngeren Ehepaar, das wir anlässlich der Präsentation eines meiner Bücher kennen gelernt haben, auf Gran Canaria, wo meine Frau und ich schon vor einigen Jahren wegen einer Motivsuche für einen Kinofilm, der allerdings nicht zu Stande kam, gewesen waren. Damals wurden uns die Reise und der Aufenthalt in einem sehr schönen Fünf-Sterne-Hotel, von meinem Produzenten und, über das Geschäftliche hinaus, auch meinem Freund Kurt J. Mrkwicka bezahlt, weil zumindest ich berufsmäßig dort war.
Greti und ich fuhren damals auf Motivsuche mit einem Leihwagen kreuz und quer über die schöne interessante Insel, fanden Gefallen an ihr und den freundlichen Leuten, und natürlich auch an dem Hotel, beschlossen daher sieben Jahre später nochmals privat hinzufahren und brachten Rudi und Hanni durch unsere Schilderungen dazu, ebenfalls mit von der Partie zu sein.
Auf diesen Fotos, von denen ich nach dem Tod Gretis ein paar hinter Glas in meiner Wohnung aufgehängt habe, ist sie zwar schon im Rollstuhl, aber dennoch glücklich zu sehen. Auf einem sitzt sie im Rollstuhl vor einem kleinen Lokal des malerischen Städtchens Puerto Rico, dessen Schild Langustinos, Muscheln, Paellas und Vino anbietet, lacht, was bei ihr selten war, übers ganze Gesicht und hält sich neckisch eine handtellergroße rote Blüte zum Ohr, hatte ja eine so große Freude, trotz ihrer Gehbehinderung noch ein-

mal die Insel und alle Plätze sehen zu können, die ihr vor sieben Jahren schon gefallen hatten, und genoss diese paar Wochen als vielleicht letztes Glück, das ihr und uns beschieden war, obgleich sie nicht mehr wie damals im Meer oder im Swimmingpool des Hotels baden konnte. Sie ...

So weit gekommen, übermannen mich die Erinnerungen an ihre damalige Freude und ihren wenige Monate danach erfolgten Tod, sehe sie, das Lachen gefrierend und wieder tot auf dem hellen Kunststoffboden des Krankenzimmers liegen, verliere, wie bei ihrer Aufbahrung in der Feuerhalle wieder die Beherrschung und frage mich, ob ich weiterhin in den mich nur belastenden Fotos und aufsteigenden Erinnerungen wühlen soll, mir fällt der jiddische Spruch ein: *Vergongenheit is, wos is gewest und nimmer do,* eine Definition, die man kaum klarer und stimmiger formulieren kann – denn was da ist, ist für jeden von uns nur die unmittelbare Gegenwart, und Gewesenes ist auch durch krampfhaftes, vielleicht sogar wehleidiges Sich-erinnern-Wollen nicht mehr zurückzuholen, weil bereits jenseits des Point of no return angesiedelt.

Ich schaue mir ein Foto an, das ich vor etwa 40 Jahren in einer damals gottverlassenen, nur von Gemüsebauern bewohnten Gegend des 11. Bezirks, sie nannte sich Fuchsröhre, gemacht habe. Heute sind die Gemüsebauern längst weiter an den Stadtrand hinaus gezogen, ist die Fuchsröhre dicht verbaut.
Es zeigt Greti vor einer anscheinend verlassenen, windschiefen und mit allerlei Kram gefüllten Holzhütte, sie war damals noch eine schlanke Frau, trägt einen selbst geschneiderten grauen Lodenumhang und hält mir einladend lächelnd und wie anbietend ein paar zerbrochene Blumentöpfe entgegen. Sie war damals noch nicht Filialleiterin, sondern nur einfache Verkäuferin in einer Ladenkette, die sich *Konsum* nannte und gegen Ende des 19. Jahrhunderts

von sozialdemokratischen niederösterreichischen Arbeitern in einem Ort namens Teesdorf gegründet worden war, einerseits um den hohen Preisen der anderen Läden zu entgehen, andrerseits aus der Erwägung heraus, dass man bei Großeinkäufen für eine Ladenkette niedrigere Einkaufspreise erzielen kann, die man dann, weil die Läden ja den Arbeitern gehören, bloß kostendeckend an diese weitergibt.
Diese Konsumläden breiteten sich damals zumindest über ganz Wien und Ostösterreich aus – mein Großvater mütterlicherseits war jahrelang Leiter der Filiale am Margaretner Siebenbrunnenplatz –, aber irgendwann gegen Ende des vorigen Jahrhunderts ging der *Konsum* wegen der Unfähigkeit der ihn leitenden sozialdemokratischen Politiker zu Grunde, es gibt ihn heute nicht mehr, während sich die Ladenketten von Billa, Mondo, Hofer, Merkur und anderen, die aber bereits alle in deutscher Hand sind, immer mehr ausbreiten; die Sozialdemokraten haben damit wieder eine Chance verspielt, wie sie ja die meisten nicht wahrzunehmen vermögen, der Teufel mag wissen, warum.
Weil Greti damals auch am Samstagvormittag arbeiten musste, kann ich die Aufnahme nur am Samstagnachmittag oder am Sonntag gemacht haben, jedenfalls schaut ihr die Freude, mit mir einen Spaziergang zu machen, aus den Augen.
Wir waren damals erst ein paar Jahre verheiratet, verdienten beide wenig Geld und genossen unsere Freizeit eben mit langen Spaziergängen in Gegenden, wo wir wenigen Menschen begegneten und das Gefühl hatten, in unserem Glück allein auf der Welt zu sein.
Später, als ich durch mein Schreiben ins Verdienen kam, machten wir eher mit dem Auto Ausflüge und natürlich auch alle möglichen Reisen, aber für mein Gefühl waren die langen Spaziergänge durch den Prater, die Lobau, über den Laaer Berg oder durch die peripheren Gegenden von Wien viel schöner, auch wenn wir nicht groß essen, sondern uns nur das Essen von Zuhaus mitnehmen oder in einem Beisl nur eine Kleinigkeit oder einen Kaffee kaufen konnten

und nicht mit dem Auto, sondern der Straßenbahn unterwegs waren.
Tatsächlich braucht der Mensch ja nicht viel, um glücklich zu sein, wenn das Glück von innen kommt.

An dem Punkt fällt mir das Gedicht *Jena* von Gottfried Benn ein, das von einer von seiner Mutter an ihn geschriebenen Ansichtskarte handelt, auf der sie schwärmt, sie habe einen Ausflug gemacht und sehe jetzt *Jena vor uns im lieblichen Tale*. Dieser Eindruck aber wurde vom meist sehr sachlichen Benn relativiert und er kritisierte, dass die Karte eine Billigsdorfer war und von einem lieblichen Tale eigentlich keine Rede sein konnte, weil man *für lieblich … wenig blühn* sah und auch die Berge nicht *rebengrün* waren; er erkannte zwar an, dass das Tal für seine längst gestorbene Mutter, die *vom Lande, von kleinen Hütten* kam, eben schön gewesen sein mag, setzte aber sofort hinzu, dass dieser beseligende Anblick und die Bewegung seiner Mutter, wie diese selbst, dem Vergessen anheim gefallen waren, wie ja alles, was ein nicht mehr lebender Mensch einmal gedacht und gefühlt hat, so vergessen ist, als wäre es nie gewesen.
Und mir fällt auch ein, dass ich die Gegend um die Fuchsröhre noch aus der Zeit kannte, als ich dort mit einem Gesellen als Elektrikerlehrling arbeitete und wir die bis dahin elektrizitätslosen Gärtnereien elektrifizierten.
Das war 1945/46, in einer Zeit, in der frisches Gemüse noch eine Seltenheit war und der Schwarzhandel damit blühte, manche Gärtner ihre Waren nur gegen überhöhte Preise oder überhaupt nur im Tausch gegen Schmuck, Teppiche oder wertvollen Hausrat an die hungrigen Wiener abgaben und so ihre bisher armseligen Häuser in schöne, mit moderner Küche, Fließwasserklosett und Duschnischen umwandelten, weil sie den armen Hunden, wie man sagte, das Weiße aus den Augen nahmen.
Heute ist das natürlich kein Thema mehr und auch die ehe-

malige Fuchsröhrengegend nicht, in der es zwar noch einige wenige Gemüsegärtner, aber auch jede Menge von Gemeindebaukomplexen und sogar richtige Hochhäuser mit Anbindung an U-Bahn, Straßenbahn und Busse gibt, die nahen, durch Bezug russischen Erdgases unnnötig gewordenen, noch unter dem Bürgermeister Lueger, dem »schönen Karl«, erbauten Simmeringer Leuchtgaswerke sind geschlossen und zu einem Shoppig- und Wohncenter umgebaut, das vorwiegend von besser verdienenden Leuten frequentiert wird.
Dieses aus Kohle gewonnene Leuchtgas war ja früher das Nonplusultra, nur reiche Leute konnten sich voll elektrifizierte Haushalte leisten, die ärmeren mussten schon froh sein, wenn sie Leuchtgas im Haus hatten, es gab ja bis nach dem 2. Weltkrieg in den Randbezirken Wiens noch viele Gassen, die keinen Gasanschluss hatten und die Bewohner noch in einem Kohle- oder Holzherd kochten und Wasser wärmten.
Das Leuchtgas war früher auch für nicht wenige Leute, die aus persönlichen oder wirtschaftlichen Gründen keinen anderen Ausweg mehr sahen als es einzuatmen und dadurch zu Tode zu kommen, eine willkommene Gelegenheit, verhältnismäßig sanft aus einem Leben, das für sie keines mehr war, zu gehen.
Auf dem nächsten Foto sieht man keine Personen, sondern nur, weil es in der Nacht aufgenommen worden war, eine undeutlich zu erkennende, mehr zu ahnende Aulandschaft an der Donau und ich brauchte einige Zeit um damit klar zu kommen. Es musste während einer Dampferfahrt aufgenommen worden sein, die wir, in der zweiten Hälfte der 50er-Jahre, von der Wiener Reichsbrücke bis Spitz und wieder zurück unternommen hatten.
Wir, das waren die Überreste der einstigen FÖJ-ler – alle nicht mehr jung genug, um noch in einer Jugendorganisation zu sein, die außerdem in nahezu völliger Bedeutungslosigkeit dahindämmerte, weil wir zu dieser Zeit von den alliierten Siegermächten bereits den Staatsvertrag erhalten, keine Besatzungsmächte mehr im Land hatten und der damali-

ge österreichische Außenminister Leopold Figl – von den Wienern liebevoll Bundes-Poldl genannt, ein leutseliger Mann und starker Trinker, der die Nazi-Konzentrationslager überlebt hatte – sich mit seinen alliierten Kollegen auf dem Balkon des Wiener Belvedere zeigen, den unterschriebenen Vertrag in die Höhe halten und den Tausenden versammelten Wienern stolz zurufen konnte: »Österreich ist frei!«, worauf ungeheurer Jubel ausbrach.

Danach spielte die ohnehin schwache KPÖ, der wir noch immer mehr oder weniger nahe standen, überhaupt keine Rolle mehr, sie war nur mehr mit drei Abgeordneten im Nationalrat und später gar nicht mehr vertreten, gleich nach dem Staatsvertrag wurden auch die seit 1945 bestehenden und von der sowjetischen Besatzungsmacht verwalteten USIA-Betriebe in österreichische Hand übergeben.

Wir sozusagen übrig gebliebenen Altjugendlichen wollten uns nicht voneinander trennen, mieteten unser von der Partei nicht mehr gebrauchtes Heim am Gürtel, das auf dem Papier immer noch der KPÖ unterstand, und zogen darin so etwas wie einen privaten, nur uns offen stehenden Club der Ehemaligen auf, trafen uns fast täglich, spielten, wie vorher, Tischtennis, veranstalteten Tanzabende und feierten alle möglichen Feste, wie Namens- und Geburtstage der Mitglieder und, wenn es keinen anderen Anlass gab, ersatzweise das von uns erfundene »Fest vom blöden Hund«, waren zwar alle schon zwischen 25 und 40, aber eben doch nicht im Stande oder willens, endlich richtig erwachsen zu werden und wie die meisten Leute ein voneinander unabhängiges Leben zu führen, versuchten, die längst vergangene Jugend so lang wie möglich hinauszuzögern.

Und irgendwann im Sommer 1957 hatten wir uns also zu dieser Dampferfahrt nach Spitz verabredet, die am Abend in Wien begann und uns erst am nächsten Morgen wieder zurückbringen sollte.

Ich hatte damals eigentlich wenig Lust, mitzufahren, denn das Schiff ging an einem Samstag und ich war am Tag davor

im Prater gewesen und in einem Lokal namens *Wilder Mann* hängen geblieben, hatte ziemlich getrunken, viel mit einer schon älteren Frau getanzt, die mir durch meinen Rausch jünger und begehrenswerter schien, sie nahm mich später mit in ihre Wohnung, die, wenn ich mich recht erinnere, irgendwo in der Venediger Au, am Beginn des Wurstelpraters war, ich war also am folgenden Samstag nicht besonders fit, wollte eigentlich nichts als schlafen, riss mich aber dann doch zusammen und fuhr zur Dampfschiffstation, obgleich ich mir nicht vorstellen konnte, was diese zumeist nächtliche Fahrt bringen sollte.
Am wahrscheinlichsten war, dass ich auf dem Schiff auch wieder zu viel trinken und den folgenden Sonntag wie den Tag vorher auch wieder verkatert im Bett zubringen würde, das in dem Kabinett der mütterlichen Wohnung stand, in dem früher der Schani-Onkel gelebt hatte.
Doch dann kam alles ganz anders. Ich trank auf der Fahrt außer Kaffee und Mineralwasser keinen Tropfen, sondern stand mit der damals noch mit ihrem ersten Mann verheirateten Greti, die ich zwar seit 1945 kannte, aber nie sonderlich beachtet hatte, an der Reling. Wir kamen ins Reden und redeten, wenn ich mich recht erinnere, außer einer Pause am Mitternachtsbuffet, pausenlos miteinander, tanzten nicht, obgleich es an Bord eine gute Kapelle gab, schauten nur in die Nacht und auf das schemenhaft vorübergleitende Ufer, schenkten auch dem erleuchteten Städtchen Spitz, das unser Wendepunkt war, keine Beachtung, sondern redeten und redeten, als gäbe es nur uns zwei auf dieser Welt.
Gretis damaligen Mann störte das nicht, im Gegenteil schien er froh zu sein, dass sich ein anderer, und wie er mich zu kennen glaubte, Unverdächtiger und Harmloser von seiner Frau niederreden ließ – damals wusste noch keiner von uns, dass sich die beiden längst auseinander gelebt hatten und schon daran dachten, auseinander zu gehen, das aber vor uns so geschickt kaschierten, sodass wir dachten, die beiden wären das ideale Ehepaar.

In dieser Nacht vertraute sich Greti mir an, erzählte mir tausend Dinge aus ihrem Leben, sprach von ihrem von ihr sehr geliebten, schon toten Großvater, über ihre Eltern und besonders über ihre Mutter, die sie viel zu früh verloren hatte, redete auch über die große Enttäuschung ihrer seinerzeit übereilt geschlossenen Ehe und darüber, dass sie das Gefühl hatte, mit ihren damals 29 Jahren schon am Ende und ohne Zukunftsperspektiven zu sein. Weinte zwischendurch immer wieder und machte den Eindruck einer äußerlich blühenden noch jungen Frau, deren Inneres aber schon alt und von Enttäuschungen zerfressen war.
Warum Greti sich mir ausgerechnet in dieser Nacht geöffnet hat, weiß ich bis heute nicht, denn ich war zwar als ganz annehmbarer Bursche, aber unter meinen Freunden als Trinker und einer bekannt, der es nicht mit den Gefühlen und schon gar nicht mit denen andrer hatte.
Aber wahrscheinlich war während dieser Dampferfahrt Gretis Maß eben bis zum Überlaufen voll, brauchte sie jemand, der in dieser Nacht nicht trank, tanzte, schmuste und Blödsinn machte, sondern einen wie mich, der keinen Anteil an der Fahrt nahm, an der Reling stand, eine Zigarette nach der anderen rauchte, in die Nacht hinausstarrte und bloß zuhörte.
Damals wussten weder Greti noch ich, dass in relativ kurzer Zeit aus den paar Stunden an der Reling lange 44 Jahre werden würden. Aber jedenfalls hat diese Nachtfahrt, das weiß ich heute, meinem Leben eine andere Richtung gegeben.
Ich war damals selbst nicht gut drauf, der wegen meiner blödsinnigen Augen erfolgte Hinausschmiss aus der Polizeischule und das damit verbundene Zerbrechen eines Traums von gesicherter Zukunft hatte mich sehr getroffen, ich war wieder Hilfsarbeiter im gleichen Materialmagazin wie vorher, hatte außer dem Saufen ebenfalls keine Perspektiven, fühlte mich, obgleich damals erst ein paar nicht sehr geglückte Gedichte über Huren, Säufer und andere am Leben

und dessen Umständen gescheiterte Existenzen geschrieben und noch niemandem gezeigt waren, als Dichter und ein bisschen wie Joseph Roth, dessen Buch *Radetzkymarsch* und andere Geschichten ich so oft gelesen hatte, dass ich es fast auswendig konnte. Ich suchte geradezu den Dreck, fühlte mich in ihm wohl, hatte die leise und blödsinnige Hoffnung, irgendwann wie Roth berühmt zu werden, und beschlossen, mich wie er zumindest langsam zu Tode zu saufen. Aber seit dieser nächtlichen Dampferfahrt und Gretis zwar nicht an einen Priester, aber an mich gerichteten Generalbeichte war eben alles anders.

Ich wusste, dass es zwischen mir, Roth und anderen versoffenen Dichtern keine Parallelen gab und das Saufen und irgendwo Weiberaufgabeln zu Ende und ich nichts als ein kleiner, bisher wenig oder gar nicht geliebter, in Hinterhöfen und Vorstadtgassen aufgewachsener Trottel war, aber doch vielleicht gut genug, mich dieser Frau neben mir an der Reling anzunehmen, die zwar jung und auch recht hübsch, aber trotzdem zutiefst verletzt, unglücklich und psychisch schon ziemlich am Ende war.

Ich begann also in unserem Heim ihre Gesellschaft zu suchen, wir lösten gemeinsam Kreuzworträtsel, spielten, obgleich ich gut und sie schlecht war, miteinander Tischtennis, in weiterer Folge besuchte ich sie auch an Samstagvormittagen, wenn ihr Sohn in der Schule war und ihr Mann im Büro einer Brückenbaufirma arbeitete, in ihrer Wohnung, wir liehen einander Bücher, die uns gefallen hatten, kamen ins Reden, nicht nur über Bücher, und einander immer näher, tauschten die ersten Küsse, aber nicht mehr, begannen langsam daran zu denken, ob wir nicht eigentlich zusammengehörten – schließlich war ihre Ehe zerrüttet und mein Leben neben der immer keppelnden Mutter, der an mir einfach nichts passte, und in dem dreckigen schlauchartigen ehemaligen Kabinett des Schani-Onkels, dessen einziges Fenster auf eine Reihe von Hinterhöfen mündete, auch nicht das, wonach ich strebte.

Natürlich dauerte es, weil wir Respekt voreinander hatten und nicht vielleicht als Notlösung blindlings ein Verhältnis anfangen wollten, noch einige Zeit, bis wir dann richtig und auch vor den anderen zusammenfanden, aber der Anfang dazu war sicher in jener Nacht gemacht worden, als wir beide an der Reling des Donauschiffes standen, das einen Haufen vergnügungssüchtiger Leute von der Reichsbrücke nach Spitz und wieder zurück brachte.
Bestimmt hatte Greti dieses von irgendeinem Besoffenen gemachte Nachtfoto – denn wer außer einem Besoffenen fotografiert in eine finstere Nacht hinein – aufgehoben, weil es sie an unsere erste wirkliche Begegnung erinnerte.
Mir war es, obgleich wir uns ab und zu unsere Familienfotos anschauten, nie in die Hände gekommen, weil es an der Rückseite eines anderen klebte, das den damals noch kleinen Edi mit seinem Großvater im Hof des niedrigen Hauses in der Dresdner Straße zeigte, das der KPÖ gehörte und gleichzeitig als Garage und Reparaturwerkstatt für parteieigene Pkws diente und in dem Edis Großeltern eine Art Hausbesorgerfunktion innehatten.
Weder Edi noch sein Großvater schauen in die Kamera, sondern beide auf den Schäfer-mit-irgendwas-Mischling Rolfi, der ein lieber, allen zugänglicher Hund war, aber auf diesem Foto mit, was bei Mischlingsschäfern eher selten ist, wachsam aufgerichteten Stehohren und bereit, notfalls sein Herrl und das Kind zu verteidigen, auf den ihm wahrscheinlich nicht bekannten Fotografen schaut.
Heute gibt es weder den Großvater noch die Garage noch den Rolfi mehr.
Vielleicht ist Rolfi, wenn es so was gibt, im Hundehimmel, verdient hätten er es und alle Hunde, weil die mehr Charakter als die Leute haben, vielleicht auch nur dümmer als diese sind, und ihrem Herrl oder Frauerl, die für sie der Mittelpunkt ihres Seins sind, wie der Samurai seinem Daimyo oder Hagen von Tronje seinen Königen, bis an ihr Ende unwandelbar die Treue halten und bereit sind, für sie in den

Tod zu gehen. Wir Menschen haben diese Art von unbedingter Treue längst verlernt, wir wissen ja gar nicht mehr, was dieses Wort bedeutet, wir hängen unser Mäntelchen nach dem Wind, kriechen in fremde Arschlöcher, wenn wir uns davon Vorteile erhoffen, jeder von uns glaubt, sich als den Mittelpunkt der Welt zu erkennen, haben so wenig Rückgrat wie ein Regenwurm und verhalten uns so, dass sich einer wie Jesus niemals hätte für uns kreuzigen lassen sollen – aber dieser Mann war wohl auch wirklichkeitsfremd und von Träumen von Träumen von Träumen befangen, schließlich war er ja auch nur ein Mensch.
Für mich ist Edis Großvater väterlicherseits nur eine sehr vage Erinnerung, ich habe ihn kaum gekannt, weiß aber, dass er ein geduldiger, freundlicher und jedem gegenüber hilfsbereiter, älterer und bebrillter Mann mit grauer, immer ein bisschen in die Stirn hängender Locke, vielleicht meinem Schani-Onkel ähnlich, aber im Gegensatz zu diesem ein politisch engagierter Mensch und einer der seltenen Idealisten war.
Er wurde, irgendwann in den 60er-Jahren, auf der Hellwagstraße im 20. Bezirk auf dem Zebrastreifen von einem Auto angefahren und schwerst verletzt, starb nach einigen Tagen Spitalsaufenthalt im alten Allgemeinen Krankenhaus auf der Währinger Straße, das inzwischen längst von den riesigen dunklen Blöcken des neuen AKH am Währinger Gürtel abgelöst worden ist.
Ob seine und wie ihn seine Familie damals betrauerte, weiß ich nicht – aber seinem Enkel Edi ist er noch gegenwärtig, er redet immer wieder gut von ihm und hat ihn nicht vergessen. Manche Großväter haben es an sich, besonders ihren Enkeln nahe zu kommen, davon erzählt auch das berührende Lied *Großvoda* der Gruppe STS.

Was mich betrifft, bin ich von der Großvaterliebe ausgenommen. Mein Großvater mütterlicherseits war ein für mich unfreundlicher, jähzorniger und herrischer, später gei-

stig umnachteter Mann und den väterlicherseits habe ich, er starb ja schon, als ich vielleicht vier war, ebenfalls in keiner guten Erinnerung, weil er seiner ersten lungenkranken Frau zu rasch hintereinander Kinder machte und seine zweite, wie sie mir sagte, nur heiratete, damit er wen für die Bankerten hätte, von denen sie dann auch noch zwei bekam, was das halbe Dutzend voll machte – dass er politisch links und schon seit der Gründung der Sozialdemokratischen Partei in den, glaube ich, 80er-Jahren des 19. Jahrhunderts deren Mitglied war, ändert nichts daran, dass ich ihn für einen bloßen Kindermacher und nichts weiter halte.
Es ist an sich billig, sich politisch für das allgemeine Wohl zu engagieren, kostet einen ja nur den monatlichen Mitgliedsbeitrag und allfällige Wahlspenden an die Partei, sich um die eigenen Angehörigen und deren Wohl zu kümmern verlangt wesentlich mehr.
Darüber, welcher Großvater ich bin und in welcher Erinnerung mich meine Enkelin behalten wird, möchte ich lieber nicht nachdenken und werde es auch nie erfahren. Vielleicht ist das besser so, denn ich habe wenig Aktiva aufzuweisen.

Nach den Fotos von der nächtlichen Donaufahrt und dem mit Rolfi suchte ich nach einem anderen, das, natürlich nur für mich, in engstem Zusammenhang mit Gerti steht, weil es während einer Tanzveranstaltung in unserem Heim, wahrscheinlich von Willy, der ja alles und jedes fotografierte, aufgenommen wurde.
Heute gibt es kaum noch Jugendheime und in ihnen sicher keine internen Tanzveranstaltungen mehr. Wer heute jung ist oder sich so fühlt, besucht Diskos oder Nachtlokale mit Musik, wie etwa die legendäre Eden-Bar in der Liliengasse, in die Männer nur mit Krawatte hineindürfen, veranstaltet Partys in der Wohnung oder besucht, wie wir sagen, Hütten, in denen was los ist. Daneben gibt es natürlich da und dort Haus- und Faschingsbälle für Stammgäste in kleineren Kaffeehäusern, man kommt, was sinnlos ist, weil dort sowieso

jeder jeden kennt, teilweise maskiert, sitzt zusammen, tanzt und freut sich, dass man einer Gemeinschaft angehört – oder man besucht, wie vorgeschrieben in Abendkleidung und mit dezenten Ordensteckern am Revers, gehobenere oder ganz gewöhnliche Feste, alle aber mit Angeberei und Trara, ungleich großen Buffets und einer reicheren und jedenfalls teureren Getränkeauswahl als im Café Arschloch an der nächsten Ecke, natürlich auch mit Livemusic und Gesang, bei manchen tauchen sogar ein Kamerateam der ORF-*Seitenblicke* und Gesellschaftskolumnisten der Zeitungen auf, die dem jeweiligen Wer-mit-wem-und-seit-wann nachspüren, um ihre schwachsinnigen Leser bedienen zu können. Aber eines gibt es bei all diesen Festen und Bällen, was für uns etwas Schönes war, nicht mehr, nämlich ein so genanntes Heiratszelt.

Heute, wo Männer mit Frauen, Frauen mit Frauen und Männer mit Männern in aller Öffentlichkeit miteinander schmusen, einander abgreifen und im Nachtautobus miteinander eine Schoßnummer machen, in der durch die Pille möglich gewordenen Zeit fast allgemeiner Promiskuität und der One-Night-Stands mit durch die wegen AIDS obligatorisch gewordenen Präservativen, in der durch die Chemie ermöglichten Hinausschiebung der Potenz Sex auch bei alten Leuten möglich ist, findet man jederzeit und überall Partner, wenn man danach sucht – aber all diese Durcheinandervöglerei hat nicht mehr den Hauch des Verbotenen, Romantischen und auch Gefährlichen wie damals, als ich jung war.

Natürlich kenne ich in diesen Sachen keinen Neid, meinetwegen kann, wenn es beiden gefällt, jeder mit jedem tun, woran er Spaß hat, solange die Leute einander nicht abschlachten, soll es mir recht sein. Aber als ich jung war, war die Sexualität für junge Menschen nicht wie heute etwas Natürliches, sondern unter Umständen gefährlich, weil sie über das weitere Leben entscheiden konnte.

Schwangerschaftsunterbrechung war rechtlich gesehen ein Verbrechen und kostete für eine kleine Geldbörse sehr viel, sie war aber üblich, gab es ja damals statt der heutigen fast hundertprozentig wirksamen Pille nur entweder den so genannten, beide Teile unbefriedigenden Coitus interruptus oder die unzuverlässige Knaus-Ogino-Methode zur Verhütung.

Präservative verwendeten wir nicht gerne, weil sie nicht so fein wie die heutigen waren und einem ein ähnliches Gefühl vermittelten, wie wenn man in Socken ein Fußbad nimmt.

Kam es damals zum Geschlechtsverkehr unter unerfahrenen jungen Leuten, war oft mit einer ungewollten Schwangerschaft zu rechnen, deren Konsequenz meist darin bestand, dass geheiratet werden musste, obgleich man das gar nicht, sondern nur ein bisschen Spaß haben wollte – und es kam damals zu vielen unglücklichen Ehen, die nur der Konvention wegen und weil ein uneheliches Kind mehr oder weniger immer noch als Schande galt, eingegangen wurden.

Ehescheidungen waren selten, nicht nur, weil sie oft teuer wurden, sondern auch, weil man der Öffentlichkeit gegenüber die Fiktion aufrechterhalten wollte, ein guter Mensch zu sein. Merkwürdig ist nur, dass es heute, wo man nicht mehr heiraten muss, sondern bloß kann, ungleich mehr Scheidungen als früher gibt, aber das hängt wahrscheinlich damit zusammen, dass es den Leuten heute finanziell besser geht und sie den Wert eines Menschen dem einer Sache gleichsetzen, die man durch einen Leasingvertrag erwerben und, wenn sie einem nicht mehr zusagt, abstoßen kann.

Jedenfalls gab es damals in unserem Heim zu allen Festen das so genannte Heiratszelt. Das waren einige auf Vorhangstangen aufgehängte Decken, die einen mehr oder weniger abgeschlossenen zeltartigen Raum bildeten und für viele von uns der eigentliche Grund waren, das Fest zu besuchen.

Der Modus operandi bestand darin, dass man sich einen Partner schnappte, wobei Frauen und Männer gleichberechtigt waren und eine Ablehnung nicht in Frage kam, mit ihm zum Zelt ging, eine geringe Summe für die allgemeine Kassa

zahlte, ein Gläschen Likör oder Schnaps und dann die Gelegenheit bekam, sich mit dem anderen für eine Minute, aber nicht länger in das Zelt zurückzuziehen, eine Kurzhochzeit zu feiern und einander abzuschmusen.
Zu Eifersüchteleien kam es unter uns deswegen nie, denn am Ende des Festes war sowieso jeder mit jedem zumindest ein Mal oder öfter im Zelt, und es war eiserne Regel, dass drinnen außer Küssen und vielleicht einem Griff auf Brüste oder Hintern nichts vorfallen durfte.
In diesem Heiratszelt gab es aber auch so etwas wie eine Minute der Wahrheit, in der sich manchmal nicht erwartete Seiten des jeweiligen Partners zeigten – Mädchen, die man bisher für nichts sagend und prüde gehalten hatte, verschlangen einen geradezu und drückten sich so an einen, als ob man mit ihnen schon im Bett wäre, während einem andere, die allgemein als geil galten, bloß lustlos die Zunge in den Mund steckten und gelangweilt taten.
Jedenfalls sieht man auf diesem Foto Rudi, den wir wegen seiner etwas bizarren Kopfform Elch nannten, beim Kassieren und Erich und Hilde einander zuprosten.
Ich könnte darauf schwören, dass Greti und ich als Nächste an der Reihe waren, nachdem wir jeder schon etwa ein Dutzend Mal mit einem anderen Partner im Zelt gewesen waren. Und ich erinnere mich genau daran, dass für uns beide die gegenseitige Küsserei zum ersten Mal nicht etwas Übliches, das im Grunde nichts zu bedeuten hatte, sondern die Entscheidung für unser weiteres Leben war, und spüre diesen damaligen ersten wirklichen Liebeskuss zwischen uns so deutlich auf den Lippen wie die letzten Küsse, die ich meiner toten Greti gab, als ich mit ihr allein in dem leeren Krankenzimmer war, in das man ihre Leiche geschoben hatte.

Ich traf auf ein Foto, das mich mit Kollegen und Kolleginnen aus der Fabrik zeigt und während eines lange zurückliegenden Betriebsausfluges im Autobus gemacht wurde, mit dem wir unterwegs gewesen waren.

Von den etwa 30 oder 40 Leuten im Bus sind wahrscheinlich nur mehr Heinzi, der später Weltrekordhalter im Hammerwerfen wurde, und ich am Leben, schließlich waren wir damals etwa 20, während die anderen sich zum Teil schon den 50 oder überhaupt dem Pensionsalter näherten.
Ich erkenne darauf den damaligen Meister der Maschinenbau-Abteilung, er hieß Swoboda und war ein farbloser Mann; dann den alten Werkzeugmacher Czech, der, wenn er betrunken war, gern seine Zahnprothese aus dem Mund hängen ließ und eine Art Vampir spielte, den gleichfalls alten Piwonka, der klein und glatzköpfig und Opfer nie ausgelebter geiler Gedanken war, sich in seiner Freizeit gern an der Kreuzung Reinprechtsdorfer Straße – Arbeitergasse aufstellte, dort wartete, bis eine allein gehende Frau mit einem großen und wogenden Hintern daherkam und dieser dann, sehnsüchtig auf deren Backen starrend, eine Zeit lang folgte, nach Eintritt des nur im Gehirn stattfindenden Orgasmus stehen blieb und auf den nächsten Hintern wartete, der in der umgekehrten Richtung daherkam, dem er dann wieder hinterherlief; dann den Hans, der damals Betriebsrat und ein unattraktiver, aber sehr viriler Mann war, seine Brille hing, weil er jetzt besoffen war, schiefer als sonst auf seiner Nase, nach dem Mittagessen war er aber noch nüchtern genug gewesen, um die weizenblonde leicht zu habende Hilfsarbeiterin Margit? Gisi? Oder Paula? – jedenfalls hatte sie ausgeprägte O-Beine – in den leeren Autobus zu ziehen und dort zu vernaschen, und natürlich sitzt auch der Heinrich Bauer, den wir aus irgendeinem Grund Poldl nannten, mit seiner chromatischen Ziehharmonika auf dem Schoß im Bus, er kam ja nie ohne seine Harmonika zu Betriebsausflügen, um uns unsicher greifend alte Heurigenlieder vorzuspielen und mit seiner dünnen krähenden Stimme dazu zu singen, am liebsten das Fabrikantensöhne als Halbtrottel und lustige Burschen darstellende alte Wienerlied *Unser Vater ist ein Hausherr und ein Seidenfabrikant*, das er, meist während des gemeinschaftlichen Abendessens und vor dem

Tisch der Chefleute stehend, süffisant vortrug, was die humorlose Chefin immer dazu veranlasste, ihn mit ihren grauen Augen geradezu zu durchbohren und ihre dünnen Mundwinkel fast bis zu den Kinnbacken hinunterzuziehen, ihren Mann aber nur ein schwaches Lächeln entlockte, weil das Lied eben nur ein Lied, er der Herr Chef und der Bauer-Poldl nur ein von ihm abhängiges altes Arschloch war.

Unsere Betriebsausflüge mit dem Bus waren beinahe legendär, denn einige Kollegen, und sicher der alte Schurli, kamen schon besoffen zum morgendlichen Treffpunkt vor der Fabrik in der Högelmüllergasse, und beim Gabelfrühstück, einem Paar Würstel, entweder mit Senf und Kren oder Saft, wurde schon allgemein und vor allem, weil bei unseren Ausflügen keppelnde Ehefrauen nicht mit durften, zügig getrunken, sodass beim Mittagessen einige nicht mehr in der Lage waren, das Schnitzel oder den Schweinsbraten hinunter zu würgen, was uns Jungen, die wir noch nicht so viel gesoffen hatten, als Resteverwerter zugute kam, bei der Jause wurde natürlich weiter gesoffen, sodass der Bus bei der abendlichen Ankunft vor der Fabrik fast nur Alkoholleichen enthielt und wir paar Jungen alle Hände voll zu tun hatten, die Kollegen schubweise entweder in die Straßenbahn zu setzen oder nach Hause zu führen.
Ich erinnere mich an einen Ausflug in die Wienerwaldgegend, während der bei der Heimfahrt der Motor des Busses, in dem wir saßen, nahe dem Lainzer Tiergarten seinen Dienst versagte, wir aussteigen und auf eigene Faust weiterkommen mussten, alle eine große Hektik entwickelten und ich plötzlich mit dem besoffenen Hans und dem noch besoffeneren Poldl und seiner Harmonika allein auf der Wientalstraße stand.
Bis zur Stadtbahnstation Hütteldorf waren es noch gute zwei Kilometer, ich quälte mich mit den beiden, die sich an mich klammerten und immer im Streit mit ihren einknickenden Beinen waren, Poldls schwere Ziehharmonika um den

Hals gehängt, selbst nicht mehr nüchtern, dahin und machte ein Martyrium durch, bis wir die Stadtbahnstation erreichten und ich dann auch noch mit dem Sperreschaffner, der Besoffene nicht einsteigen lassen wollte, herumstreiten musste, bis er uns doch durchließ.
Dann musste ich die beiden, ich konnte sie schließlich nicht im Rinnstein vor der Station Pilgramgasse sitzen lassen, auch noch nach Hause schleppen, wobei ich von den jeweiligen nicht begeisterten Ehefrauen anstatt bedankt, besonders von Poldls Alter, die ein böses Weib war, lautstark beschimpft wurde, weil sie der irrigen Meinung waren, ich hätte ihre Göttergatten besoffen gemacht.
Ich erinnere mich auch an einen anderen und besonders gelungenen Betriebsausflug, der uns, glaube ich, ins Stift Göttweig führte.
Ich und andere saßen im ersten Bus, die Büroangestellten und die Chefleute im zweiten, die von den meisten liebedienerisch gnä' Frau Chefin, von mir, der ich nichts zu gewinnen hatte, weil ich in der Rangordnung sowieso ganz unten stand, nur Frau Soundso genannt wurde, saß natürlich in der ersten Reihe und ärgerte sich, dass ihr Bus, der der Bedeutenden, vom zweiten einfach überholt wurde und sie satt einem Weitblick nur den auf die beiden Auspuffröhren des unseren hatte.
Plötzlich spürte mein Kollege aus dem Magazin, der Krapfenbauer-Loisl, der aus einem mir unbekannten Grund Rucksack genannt wurde, einen vom zu vielen Saufen rührenden unbezwingbaren Harndrang, aber der Chauffeur wollte, weil er vor kaum einer Viertelstunde ohnehin zum Austreten gehalten hatte, nicht stehen bleiben, der *Rucksack* aber wollte andrerseits nicht seine neue helle Gabardinehose bepissen, sodass ich während der Fahrt die hintere Türe unseres Busses öffnete, den *Rucksack* an Hosenbund und Schultern festhielt und er seinen Überdruck in die Gegend pisste, was die hinter uns fahrende Chefin natürlich in aller Deutlichkeit wahrnahm und sich über diese Schweinerei von

Leuten, die den Namen Mensch nicht verdienten und unter denen natürlich, wie meist, der Hinterberger brillieren musste, so aufregte, dass das beinahe zu unserer Kündigung geführt hätte. Sie geriet deswegen, noch im Bus, sogar in einen Streit mit ihrem Mann, der meinte, der Hinterberger und der Krapfenbauer seien brave Arbeiter, und wenn der Mensch eben ein Bedürfnis habe, müsse er halt schauen, dieses auf irgendeine Art zu befriedigen.
Der gleiche Ausflug hatte noch einen weiteren dunklen Punkt. Denn als wir auf der Rückfahrt bereits ein paar gute Kilometer vom Stift Göttweig entfernt waren, bemerkte der Bauer-Poldl, dass er seine Harmonika im Stiftsgasthaus vergessen hatte, also kehrte unser Bus wieder um, wir suchten die Harmonika, fanden sie aber trotz intensiven Suchens nicht, dann erinnerte sich plötzlich einer daran, gesehen zu haben, dass sie der alte Pichler-Schurli mitgenommen und mit ihr einen anderen Bus bestiegen hatte. Der Schurli war aber nicht zur Rechenschaft zu ziehen, weil er so besoffen war, dass er nicht mehr wusste, wer und wo er war und ob er überhaupt noch lebte.

Dann stieß ich auf ein paar Fotos, die meine Mutter, Greti und mich, Anfang der 60er-Jahre, in altmodischen Liegestühlen am Strand von Jesolo liegend zeigen.
Damals war zwischen uns bis auf wenige Abstriche noch alles in Ordnung, eine der letzten Gelegenheiten, uns zu dritt auf ein Bild zu bannen. Später entwickelte ja meine Mutter, ich weiß nicht weshalb, geradezu einen Hass auf meine Frau, vielleicht war sie auf Greti eifersüchtig, weil die mich ihr, wie sie vielleicht glaubte, weggenommen hatte, obgleich Mutter sich nie viel aus mir machte und alles schlecht fand, was ich tat.
Schließlich ging dieser Hass so weit, dass unser Verhältnis unhaltbar wurde, ich mich zwischen den beiden entscheiden musste und diese Entscheidung selbstverständlich zu Gunsten Gretis ausfiel.

Aber damals war von alledem noch keine Rede, wir sitzen in unseren Liegestühlen, haben die Füße im Sand vergraben und lächeln in die Kamera, die vom Padrone der kleinen Pension gehalten wurde, der als Kundendienst und zur Erinnerung jeden seiner Gäste am Strand fotografierte.
Jesolo war damals noch nicht so überlaufen und zugebaut wie heute und die Pensione Lucia bloß ein ebenerdiges Gebäude, sie fasste kaum mehr als zehn Gäste und war keine 200 Meter vom Strand entfernt.
Sie gehörte einem immer schwitzenden und leicht angetrunkenen Mann, der früher Tour-de-France-Fahrer gewesen war und, wie ein gerahmtes Diplom und Fotos belegten, im Jahr 1948 sogar als 38. das Ziel in Paris erreicht hatte. Das dürfte aber eine seiner letzten Anstrengungen gewesen sein, denn jetzt saß er bloß, von zwei kleinen Ventilatoren gekühlt, hinter der Rezeption, beklagte sich bei jedem Gast, dass es heute sehr heiß sei und er schwitze, ging nur, wenn neue Gäste kamen, mit ihnen zum Strand um sie zu fotografieren, überließ die sonstige Arbeit aber seiner mageren, ungesund aussehenden und blassen Frau und einem weiblichen

Faktotum namens Maria, während er sich einen Fernet Branca nach dem anderen hinter die Binde goss und davon träumte, wie er seinerzeit mit wundem Hintern, schmerzenden Beinen und sonnenverbranntem Nacken, aber unendlich glücklich, als 38. im Gesamtklassement der Tour ins Pariser Prinzenparkstadion eingefahren war, in dem damals noch die Rundfahrt endete, und der Lautsprecher unter den Namen der eben einfahrenden Gruppe auch den seinen, Gennaro Carbone, aufrief und ihm die Zuschauer genau so wie dem Sieger zujubelten, weil in ihren Augen jeder, der die Tour zu Ende gefahren hatte, ein Held des Sports und Gigant der Landstraße war.

Es war schön, damals an der Adria.
Jesolo, Caorle und die anderen Badeorte waren noch nicht, wie heute, überlaufene Strände der Hausmeister und Kleinpensionisten, sondern durchaus etwas Erstrebenswertes, Venedig lag, mit Bus und Schiff relativ leicht erreichbar, nahe, man konnte den einen und anderen Tag flanierend in der Lagunenstadt verbringen, die damals auch noch nicht bis zum Zerbersten mit Touristen voll gestopft und für kleine Leute, die bisher kaum über die Grenzen des Wienerwaldes hinausgekommen waren, noch so was wie die große Welt war, es gab viel Ambiente, haufenweise billige Souvenirs und Mitbringsel zu kaufen, man konnte am Markusplatz die vielen Tauben, die man auf Wiener Plätzen eigentlich auch hatte, fotografieren und füttern, bewundernd vor den berühmten Cafés und Hotels stehen und deren Gäste angaffen, die an zwei Tagen das ausgaben, was man selbst in zwei Monaten verdiente, konnte auf dem Canal Grande und anderen Kanälen mit dem Vaporetto fahren, den Gondeln und privaten Motorbooten nachschauen und sich eventuell in sie hineinträumen, unterwegs mehrmals eisgekühltes Aqua Minte oder ein Glas Chianti trinken und das Gefühl haben, zwar nicht ganz, aber doch zum Teil dem anzugehören, was sich Highlife nannte, oder wenigstens daran zu naschen.

Ich war vor kurzem, anlässlich von Dreharbeiten für ein vom ORF in Auftrag gegebenes und von Alfred Vendl gemachtes, sehr schönes und einfühlsames TV-Porträt von mir, wieder in Jesolo und erkannte es nicht wieder. Der Ort war total mit unschönen riesigen und himmelhohen Hotelkästen verbaut, jeder Zentimeter Straße mit dicht an dicht parkenden Autos besetzt und der Strand so voller Menschen, dass man kaum den Sand unter ihren Füßen sah, das Meer war verdreckt und die meisten Lokale boten deutsches oder österreichisches Bier und genau die Speisen an, die man in der Heimat auch hatte – vom früheren italienischen Ambiente gab es nur mehr Rudimente, die Nächte waren von besoffenen Deutschen und Österreichern durchgellt, das Ganze erinnerte mich sehr an die *Ballermann*-Orgien der Deutschen auf Mallorca, jetzt war dieses Jesolo, für mich, ein uninteressantes Tohuwabohu und auch der Abstecher nach Venedig war nicht mehr wie früher, man kam in eine von Touristen überfüllte, bereits am Rande der Vernichtung stehende Stadt, im Vergleich zu den venezianischen Kanälen und Kanälchen gibt es im Wiener Kanalsystem geradezu Trinkwasser, die Preise waren überhöht, überall trat man auf leere, weggeworfene Eisbecher, Cola- und Bierdosen, die Lokale waren überfüllt, die Stadt hatte weder Atmosphäre noch Romantisches, sie war ein Albtraum, weiter nichts.

Auf dem nächsten Foto bin ich als zehn- oder elfjähriger Bub, mit der Peitsche in der Hand, neben einem von zwei Pferden gezogenen und mit Getreidegarben hoch beladenen Wagen zu sehen.
Es wurde in dem niederösterreichischen Dorf Niederfladnitz, das nahe bei Retz liegt, aufgenommen und ich war damals durch die Vermittlung einer Bekannten meiner Mutter, die von dort stammte, als Ferienkind bei einem Bauern untergekommen und stolz, bei der Einbringung der Ernte helfen zu können, obgleich ich den Leuten eher im Weg als eine Hilfe war.

Neben mir stehen der Bauer, er hieß Theodor Pöcher, und dessen dralle Frau Johanna, die beiden Pferde hießen merkwürdigerweise gleichermaßen Fritz, wurden aber als der Handling- und der Sattling-Fritz angesprochen, was damit zusammenhing, dass der eine links, der andere rechts eingespannt wurde – welcher der Handling und welcher der Sattling war, habe ich, der sonst mit Pferden nichts zu tun hat, natürlich längst vergessen.
Nicht vergessen habe ich aber zwei einschneidende Vorfälle in meinem Leben, die beide mit Niederfladnitz untrennbar verbunden sind: meine erste Liebe und meine erste Tötung eines Lebewesens, das mir nichts getan hatte.

Ich schloss mich damals den Dorfkindern an, die genau so rotzig und schmutzig wie ich waren, gab natürlich damit an, dass ich Großstädter war und aus der Gauhauptstadt kam, zu der Zeit regierten uns ja die Nazis, waren wir Teil Großdeutschlands und nicht mehr Österreich, sondern die Ostmark, und Wien war keine Bundes-, sondern bloß Hauptstadt des Reichsgaues Wien, der von einem Herrn Baldur von Schirach unter Kuratel gehalten und von den Saujuden befreit worden war.
Für Landkinder, die damals höchstens die Kleinstadt Retz und die umliegenden Dörfer kannten, war ich so etwas wie ein Unikum aus einer weiten, sehr fernen Welt, das Sachen erzählte, die kaum glaubhaft waren, fühlte mich demgemäß erhaben und wurde nur klein und schüchtern einem mir gleichaltrigen blonden Mädchen gegenüber, das Anna Kainz hieß, allgemein im Diminutiv Annerl gerufen wurde, ständig barfuß umherlief und, was ich bald genug feststellen konnte, unter ihrem schmutzigen Kleidchen fast nie eine Unterhose anhatte.
Für mich, der ich bisher noch nie weder ein nacktes Mädchen und schon gar nicht eine nackte Frau gesehen hatte, war das der Einblick in etwas, das mich, obgleich ich noch nicht geschlechtsreif war, aufregte und mir in

Wachträumen ungeahnte, wenn auch nur sehr vage Möglichkeiten bot.
Ich verliebte mich in das Annerl, hatte beim Herumraufen, denn sie war wild wie ein Bub, einige Male Gelegenheit, unter ihren Rock zu sehen und ihre noch unbehaarte Scheide zu berühren, war dann stundenlang außer mir und fasste den Entschluss, sie, wenn wir beide alt genug waren, zu heiraten.
Wir tauschten auch einmal, während wir ohne die anderen in einem Schuppen Papa und Mama spielten, allerdings mit fest zusammengekniffenen Lippen, Küsse miteinander, sie nahm mich auch einmal zum Zuschauen mit, als der Gemeindestier eine Kuh besprang, wobei mich der riesige Penis des Stiers in Verwirrung stürzte, gegen den der meine ja kaum zu sehen war.
Seither sind fast 60 Jahre vergangen, ich habe mich längst damit abgefunden, dass sich mein Penis mit dem eines Stiers nicht messen kann, kam nie mehr nach Niederfladnitz zurück und weiß weder, ob das Annerl noch lebt oder als altes Weib durch das Dorf wackelt, dachte zwar manchmal an diese meine erste Liebe, fand es aber für unsinnig, ihretwegen in dieses niederösterreichische Nest zu fahren und nach Annerl zu suchen, schließlich sind der Krieg, russische Besatzung und viele Jahrzehnte über Niederfladnitz hinweggezogen und es wäre ja auch ein Blödsinn, diesem, wenn es noch lebt, wie ich älter als 70 Jahre gewordenen Mädchen zu begegnen und zu fragen, ob es sich noch an mich erinnern kann.
Ungleich mehr als die Erinnerung an Annerl belastet mich ein vorsätzliches Tötungsdelikt, das ich in Niederfladnitz begangen habe.
Ich wachte eines Nachts auf, weil ich pissen musste, ging zu diesem Zweck über den Hof zum Saustall, in dem auch das Plumpsklosett untergebracht war, sah, in der finsteren Nacht wie ein dunkles Bündel wirkend, einen Igel mitten auf dem Hof sitzen, holte mir aus dem Pferdestall eine Mist-

schaufel und schlug mit ihr so lange auf den Igel ein, bis er tot war und sich unter ihm eine kleine Blutlache bildete.
Ich weiß, es ist lächerlich, beinahe ein Leben lang immer wieder an diesen Igel zu denken und zu fühlen, wie dessen Körper unter meinen Schlägen schlaff wurde. Schließlich war ich damals ein Kind und habe später als Kampfsportler, ohne nachträglich darunter zu leiden, sicher einigen Gegnern körperliche Schmerzen, wenn auch nicht den Tod zugefügt und im Privatleben immer wieder anderen Menschen zwar nicht körperliche, aber, was schwerer wiegt, seelische, manchmal vielleicht unheilbare Verletzungen beigebracht, von denen außer mir keiner mehr weiß – die Leute, denen ich sie zugefügt habe, sind ja bereits tot, können nicht mehr gegen mich aussagen, also bleiben diese Rechnungen offen und brauchen nicht, auch von mir nicht mehr saldiert zu werden: Ich bin ein alter Mann und werde nach dieser Nacht der Erinnerungen nur mehr einen geringen oder vielleicht gar keinen Anteil an der Welt und den Leuten nehmen und dadurch auch keine Gelegenheit mehr haben, irgendwem wehzutun.
Es gibt keinen Weg, nur Träume und Träume von Träumen, sagt der Zen-Meister und im Kopf weiß ich auch, dass er Recht hat. Aber in meinem Gehirn tun sich trotzdem und besonders in der heutigen Nacht alle möglichen, oft schon vergessenen Wege und Laden auf und zeigen mir ihren der Vergangenheit entrissenen Inhalt, wie die nie gemachten Fotos vom unterhosenlosen Annerl und dem unter meinen Schlägen verblutenden kleinen Igel, und ich weiß nicht, welche sich bei der Durchsicht der Fotos, die ich mir heute angetan habe, noch auftun werden.

Beim nächsten Foto übermannen mich Erinnerung und Rührung.
Es zeigt meine Greti, damals, in den 70er-Jahren und noch schlank, auf der Florentiner Piazza Annunziata, vor dem von Brunelleschi erbauten Spital oder eigentlich dem Wai-

senhaus der Unschuldigen, der *Innocenti*, auf dessen Fassade sich Terrakottamedaillons von Della Robbia befinden, die Wickelkinder, also wahrhaft Unschuldige darstellen – es gibt ja auf Erden nichts Unschuldigeres als ein Wickelkind, auch wenn dieses laut eines schwachsinnigen Dogmas der christlichen Kirchen bereits, weil mit der Erbsünde behaftet, schuldig zur Welt kommt.

Tatsächlich ist das Gegenteil wahr. Die im christlichen Geist erzogenen Kinder werden ja bereits in frühester Jugend von den Priestern durch die Lüge von einer Erbsünde deformiert und mit Schuldgefühlen beladen, manche tragen ihr Leben lang an dieser eingebildeten Bürde, welche ihnen von Männern eingeredet wurde, die, obgleich sie offiziell dem sündigen Leben entsagend und im Zölibat lebend, ihren Schäflein trotzdem alle denkbaren Todsünden und am meisten die der Unkeuschheit, entweder mit Frauen oder Männern, vorleben. Es gibt selbst Bischöfe und Kardinäle, die sich nicht heiligmäßig mit den Schwänzen der ihnen anvertrauten Kinder und Jugendlichen spielen, im Konkubinat leben, Kinder machen und sie dann verleugnen, und ich möchte nicht wissen, wie viele der so genannten Seelenhirten sich damit aufgeilen, sich im Beichtstuhl die Sünden der Beichtenden möglichst plastisch schildern zu lassen, um ihre unterdrückten sexuellen Gefühle auszuleben.

Aber das geht mich nichts an, also zurück zu Greti und den Innocenti.

Das niedrige Gebäude nimmt einen großen Teil des sonnendurchglühten Platzes ein und meine Greti steht mit einem vagen Lächeln vor einer der Säulen der Kolonnaden, für mich beinahe ebenso hilflos wirkend wie die Wickelkinder aus blauem und weißem Terrakotta. Es war damals unsere zweite Italienreise, wir hatten noch kein Auto und wenig Geld, wollten uns aber trotzdem die Toskana und besonders Florenz ansehen, wohnten in der vom Zentrum zur Piazzale Michelangelo aufstrebenden gleichnamigen Straße bei katholischen Elisabethinnen, die neben ihrem Kloster eine Art

Hotel unterhielten, und hatten ein besonders gutes Verhältnis mit der Äbtissin Litharda, einer älteren, aus Thüringen stammenden Frau, die es nach Florenz verschlagen hatte, machten von dort aus per Bus alle möglichen Ausflüge, sahen viel Schönes, hatten einander nach siebenjähriger Ehe noch so lieb wie am ersten Tag und waren glücklich.
Desto mehr wundert mich jetzt, warum Greti so wie verlassen und mit vagem, ja sogar traurigem Lächeln vor den Kolonnaden steht, das fiel mir damals nicht auf, heute aber denke ich, dass sie vielleicht vorausahnte, dass es mit ihrer Unschuld, wenn auch nicht aus christlicher Sicht, aber doch aus der eines Glaubens an eine heile Welt, vorbei war, sie diese nie mehr wieder erlangen könnte und bis zum Glockenschlag des Todes den Fährnissen eines Lebens ausgesetzt war, das für sie nicht immer glücklich verlief, weil auch ich ihr und immer mehr durch mein Schreiben viele gemeinsame Stunden stehlen und diese mit dem Erfinden von Figuren verbringen würde, die nie gelebt hatten und lediglich meiner Fantasie entsprungen waren.
Mit einem Schriftsteller zu leben ist ja nicht leicht, denn diese Leute neigen dazu, über ihrer Arbeit das wirkliche Leben und den Nebenmenschen zu vergessen und sich an Fantasiegestalten und Handlungsabläufe zu verlieren, es sind ausgeprägte Egoisten, die nur ihren Träumen leben, die eines Tages zerflattern, wenn es aber bereits zu spät für eine Rückkehr ist, denn das Leben ist leider eine Einbahnstraße ohne Umkehrmöglichkeit und die Zeit, die man seinem Partner und anderen Menschen vorenthalten hat, bleibt eben vertan.
Aber das wusste ich damals noch nicht, wir liefen kreuz und quer durch Florenz, besuchten die Uffizien, Museen und Galerien, natürlich auch die herrlichen Kirchen, wie sie heute trotz aller Technik keiner mehr zu bauen im Stande ist, bewunderten die Paradiespforte des Baptisteriums und die Kathedrale Santa Maria del Fiore, der Blumenmadonna, mit ihrer außen und innen wohl einmaligen Kuppel und andere

Kirchen, sahen, wie in einer fast menschenleeren Kirche ein junges Paar vor den Altar trat und die Frau ihr Brautbukett vor diesem niederlegte, nahmen uns bei den Händen und schworen, obgleich wir beide nicht an Gott glaubten, einander wortlos, aber intensiv ewige Treue – so, wie wir uns das vor vielen Jahren und am Beginn unserer Liebe im Wiener Prater, bei der Andachtsstätte von Maria Grün, nahe dem Lusthaus, schon einmal und mit Worten getan hatten; ein Versprechen, das wir nie gebrochen haben, das Greti bis zu ihrem Tod gehalten hat und für mich bis an mein Ende bindend sein und bleiben wird.

Wir waren später noch öfter in Florenz und in der Toskana, aber nie mehr war dieses Erlebnis so tief wie beim ersten Mal.

Heute leben Florenz und die Toskana noch immer trotz aller Modernität von der Vergangenheit, dem Aufblühen der Renaissance unter den Medicis, Pittis und wie sie alle hießen, von der Kunst Michelangelos und seiner Zeitgenossen, aber Männer wie Fra Angelico und Savonarola, deren Kampf zwischen kindhaftem Glauben an einen gütigen, von Heiligen und Engeln umgebenen Gott, und einem, dessen Rachsucht jeden Sünder in die tiefste aller Höllen schickt, sind nahezu vergessen, die Touristen laufen im Eiltempo durch die Uffizien, machen nur kurzen Halt vor Botticellis Bildern, die einfach jeder gesehen haben muss, rasen auf die Piazzale Michelangelo, kaufen bei den vielen Ständen, die dort oben Lächerlichkeiten und Kitsch, tausenfache kleine Davids, Ansichtskarten und Artikel für Fußballfans anbieten, irgendeinen belanglosen Ramsch, schauen sich zumeist die herrliche San Miniato, ebenso wie die in der Stadt liegenden Boboli-Gärten nur von außen an, schießen ein paar Fotos oder filmen die von oben gut sichtbare einmalige Santa Maria del Fiore, machen vielleicht noch einen Abstecher ins nahe Fiesolo und das war's dann.

Die Toskana muss man eben absolviert haben, wenn man

unter Leuten mitreden will, zwei Tage Florenz, dann einer Venedig und, wenn es hoch kommt, vielleicht, im nächsten Urlaub auch noch drei Tage in den Niederlanden, davon ein paar Stunden in der Rembrandtstadt Amsterdam mit einem Blick auf seine berühmte *Nachtwache*, vielleicht auch noch zwei Tage Paris und ebenso viel Rom, mehr ist und darf nicht drin sein, man will ja auch noch andere Destinationen wie Mallorca, Kuba und einen Strand in der Dominikanischen Republik wahrnehmen um sagen zu können, dass man war überall war – man müsste eigentlich, wenn es die Finanzen zulassen, auch auf Safari in Kenia gewesen sein, und für Männer, die zu feige oder zu dumm sind, sich hier zu Lande eine Frau zu finden, auch einen Fick mit einer der vielen Kindfrauenhuren in Thailand gemacht haben, selbst wenn er mit der Gefahr verbunden ist, sich dabei, wie es einem Bekannten von mir passierte, eine zum Tod führende Hepatitis einzuhandeln.
Bildungsreisen, wie man sie früher machte, sind heute weitgehend obsolet, der Mensch des Konsumzeitalters hat es kaum mehr mit dem Kopf, sondern nur mit dem Magen und dem Unterleib zu tun. Und er braucht auch nichts mehr in seinem Herzen zu speichern, schließlich kann er ja alles Erlebte auf Fotos, Dias, Videos oder Filmen festhalten; wie ich höre, gibt es jetzt auch die Möglichkeit, sich sogar beim Vögeln mit einer asiatischen Kindhure von einem geschäftstüchtigen Zuhälter auf Video aufnehmen zu lassen, um daheim vor seinen Freunden zu zeigen, was man draufhat.

Ein Foto, das mich und Greti zeigt, wie wir anlässlich einer Wohnungsrenovierung müde und mit Farbe bespritzt, beide mit aus Zeitungspapier gefertigten Tschakos auf dem Kopf, am Boden des Vorzimmers sitzen.
Das muss kurz nach unserer Hochzeit gewesen sein, wir hatten wenig Geld, aber eben ein paar Schilling in der Klassenlotterie gewonnen, konnten uns damit das Material kau-

fen, mussten die Arbeit aber, so gut es eben ging, selbst machen. Aber wir machten es, einer für den anderen und für uns gemeinsam, verzichteten auf Handwerker, die wir uns damals nicht leisten konnten – Geld zu haben ist zwar kein Fehler und ganz angenehm, aber es ist bei weitem nicht alles, wir hatten uns und unsere Liebe und das genügte.

Heute verdiene ich zur Freude des Finanzministers als Drehbuchautor nicht schlecht, könnte ohne weiteres neu tapezieren und Türen wie Fensterrahmen neu streichen lassen, mich neu einrichten oder überhaupt die kleine Gemeindewohnung am Gürtel gegen eine andere, in einem besseren, nicht so beinahe slumartigen Viertel gelegene tauschen oder entweder in die momentan inseiende Gaswerk-City oder eine andere moderne Scheußlichkeit umziehen, um dort vielleicht den Tod meiner Greti leichter vergessen und ein neues Leben beginnen zu können, wie mir manche Freunde raten.
Das ist zwar von denen gut gemeint, aber Unsinn. Es gibt für niemand ein neues Leben, jeder muss das bereits begonnene weiter und, trotz Freunde und neuen Bekanntschaften oft, wie ich und zahllose andere, allein bis zu dessen Ende gehen und entweder in seinen Erinnerungen an eine glücklichere Zeit leben oder vor der Zeit das Handtuch werfen und aufgeben.
Auch Letzteres mag seine Meriten haben, denn Erinnerungen leben lang, sie sterben erst mit einem selber und belasten einen, und das Handtuch werfen ist immerhin eine Möglichkeit für einen Boxer, der zwar noch nicht liegt, aber stehend k.o. ist.
Aber es gibt noch eine dritte Möglichkeit, nämlich meine und die des Panthers aus Rilkes Gedicht: Rückzug in einen Käfig, dessen tausend Stäbe den Blick auf die sich hinter ihnen ausbreitende Welt fast unmöglich machen, und wenn trotzdem hin und wieder ein Bild die Pupille durchdringt, dieses im Herzen aufhören lassen.

Das nächste Foto, das mir in die Hände kommt, zeigt einen Mann in der Uniform der deutschen Gebirgsjäger, er war der Freund eines Onkels meiner Frau, ein eher kleiner, gedrungener Mann mit schmalem Kopf.
Warum Greti dieses Foto aufgehoben hat, weiß ich nicht, aber ich weiß, dass er in seiner Jugend politisch sehr aktiv, Mitglied des Republikanischen Schutzbundes und nach dessen Niederlange kurz in Haft war, den Krieg erst als Besatzer in Norwegen und später in Italien erlebte, während eines Fronturlaubs eine ausgesprochen liebe und nette Frau heiratete, ihre Ehe nach außenhin gut, aber kinderlos, er aber nach ihrem Tod, als 60-Jähriger, wesentlich jüngeren Frauen nachlief und sie für ihre Liebesdienste bezahlte – nach seinem Tod fand man in seiner Wohnung eine genaue Aufstellung über diese Frauen und deren Entlohnung, es waren auch Ehefrauen aus seiner Umgebung darunter, und außerdem eine Sammlung gebrauchter Busenhalter und Höschen.

Dann ein Foto, das wieder die vollzählig versammelte Familie meiner Frau, irgendwann Mitte der 30er-Jahre, unter einem Weihnachtsbaum zeigt.
Alle, außer dem Großvater, der damals schon an Krebs litt und wahrscheinlich fotografierte, schauen lächelnd zum Objektiv. Die Erwachsenen stehen, meine Frau und deren Cousin Dolfi sitzen mit überkreuzten Beinen vor ihnen, am Christbaum brennen die Kerzen und auf einem Tisch daneben türmen sich Geschenkpakete. Es war eine jener die ganze Familie vereinenden Weihnachtsfeiern, von denen mir meine Greti oft erzählte und bei denen der Großvater das alleinige Recht hatte, im verschlossenen Zimmer den Christbaum mit Kerzen, Silberfäden, kleinen gläsernen Tieren und allerhand Bonbons und Gebäck zu schmücken, schließlich den gefiederten Engel auf die Spitze zu setzen, die Geschenkspakete zu ordnen und dann ein kleines Glöckchen zu nehmen, es zu schwingen und zu rufen: »Könnts schon

kommen! ’s Christkindl war schon da!«, worauf alle ins Zimmer stürzten und taten, als glaubten sie das.
Ein Zeremoniell, das sich alljährlich in der Anzengrubergassenwohnung wiederholte, obgleich alle erwachsenen Mitglieder der Familie bereits vor Jahren aus der Kirche ausgetreten waren und weder an einen Gott noch an dessen Sohn und schon gar nicht an Engel glaubten.
Aber das war und ist ja noch in vielen Familien so, man glaubt an nichts Überirdisches mehr, feiert aber doch Ostern und Weihnachten, als täte man das, um einen Anschein von etwas aufrechtzuerhalten, das sich deshalb gehört, weil es auch die meisten anderen machen.

In diesem Zusammenhang fiel mir eine Weihnachtsfeier ein, bei der ich, als etwa Drei- oder Vierjähriger, mit Vater und Mutter bei meinen Großeltern väterlicherseits dabei gewesen war.
In dem Zimmer, dessen Fenster auf die Storkgasse mündeten und in dem der künstliche, alle Jahre wieder aktivierte Weihnachtsbaum stand, dessen Zweige aus Draht und dessen Nadeln aus grünem Papier waren, gab es viele Erwachsene und Kinder, denn mein Großvater war, wenn auch sonst nichts, ein großer Kindermacher, man zündete die Kerzen und auch ein paar so genannte Funken sprühende Wunderkerzen an und stimmte als ein absolutes Muss das Lied *Stille Nacht* an, als die Papiernadeln durch die sprühenden Funken der Wunderkerzen Feuer fingen, der Baum fast in Sekundenschnelle abbrannte und auch die Fenstervorhänge ansteckte, Panik ausbrach.
Irgendwer, ich glaube, es war entweder mein Vater oder die Milli-Tante, holte einen Kübel Wasser aus der Küche und goss dessen Inhalt auf den Brand, wodurch er zwar das Feuer löschte, aber auch den im Zimmer liegenden Wollteppich versaute, was natürlich die Weihnachtsstimmung eines jähen Todes sterben und die Großmutter einen Weinkrampf erleiden ließ.

Und ich erinnere mich auch an eine andere Weihnacht des Jahres 1954, als ich infolge des Abgangs aus der Polizeischule am Ende eines meiner vielen Träume und wieder Hilfsarbeiter war, ziemlich trank und den Heiligen Abend keinesfalls zuhaus, mit der Mutter und deren damaligem Lebensgefährten zubringen wollte, schon am frühen Nachmittag zu Fuß von Margareten zum Praterstern ging, ab und zu ein Achtel Wein oder ein Schnäpschen trank, mich dort in einem üblen Café, in dem nur Taschendiebe, Zuhälter und Huren verkehrten, niederließ und mich mit denen besoff, weil sie ja am Heiligen Abend, an dem fast alle Leute an das Christkind dachten und zuhause waren, bis auf wenige Ausnahmen kein Geschäft machten.
Damals war es üblich, dass spätestens um 21 Uhr alle Lokale schlossen, was es heute längst nicht mehr gibt, weil gerade am Heiligen Abend sowohl die Lokale wie Huren mit Alleingelassenen ein gutes Geschäft machen.
Aber damals kamen, ein paar Minuten nach neun, zwei bereits angeheiterte Polizisten ins Café und warfen uns hinaus, sodass die Huren mit ihren Peitscherlbuben, wie man in Wien die Zuhälter nennt, und auch die Taschendiebe nach Hause gingen und ich beinahe allein auf dem weitläufigen Praterstern mit seinem Tegetthoff-Denkmal stand, nicht wusste, wohin und dann langsam durch den menschenleeren Wurstelprater und die ebenfalls menschenleere Hauptallee bis zum Lusthaus ging, mich immer wieder aus einer Flasche mit Kirsch-Rum, den ich damals bevorzugte, stärkte und schließlich auf eine Bank setzte, die Flasche leertrank und ins beginnende Schneetreiben schaute.
Wie ich und wann ich damals heimkam, weiß ich nicht, ich war ja zu besoffen und mein Gedächtnis hatte beim Niedersetzen auf die Bank beim Lusthaus abgeschaltet.
Jedenfalls wachte ich am folgenden Christtag in meinem Kabinettbett verkatert auf, zog mich an und ging ins bereits offene Gasthaus an der nächsten Ecke, um meinen innerlichen Brand mit einigen Bieren zu kühlen.

Ich nahm das Foto von der Weihnachtsfeier bei Familie Schlund noch einmal auf und schaute auf ihren mit überkreuzten Beinen neben meiner Greti sitzenden Cousin Dolfi, den Sohn des Polizisten Adolf, der damals noch nicht ahnen konnte, wie sein weiteres Leben verlaufen würde.
Dolfis Wunsch war es seit seiner Kindheit, entgegen der Familientradition weder Schneider noch Polizist, sondern Förster zu werden. Er wuchs zu einem kräftigen, feschen Burschen heran, der nichts so sehr wie die Natur, das Bergsteigen und die Tiere liebte, konnte sich aber seinen Lebenstraum nicht erfüllen, wurde, weil Krieg war, noch als Mittelschüler erst zum Arbeitsdienst und anschließend zur Wehrmacht eingezogen, wollte aber keinem Führer dienen, der nicht der seine, sondern in seinen Augen ein Verbrecher war, verursachte sich unter Anleitung eines Freundes und durch Heißreiben des Thermometers einen Fieberschub, kam im Raum Olmütz in ein Lazarett, das aber kurz darauf von der SS wegen der vorrückenden Roten Armee nach zumindest begrenzt Einsetzbaren durchkämmt wurde, versuchte zu fliehen, wurde dabei als Deserteur und Drückeberger erschossen und namenlos verscharrt, er galt für seine Eltern zuerst als vermisst oder gefallen.
Sein Vater, der Polizeibeamter war, brachte erst nach Jahren und Umwegen über das Rote Kreuz und andere Stellen heraus, was mit seinem Sohn wirklich geschehen war, verschwieg das aber nicht nur der Familie, sondern auch seiner Frau, weil er, obgleich linker Sozialist und sogar wenn auch nicht bedeutender Widerständler gegen Hitler, die Ansicht vertrat, dass Deserteur oder Drückeberger etwas Ehrenrühriges war.

Diese Ansicht vertreten manche ewiggestrige Leute ja auch noch heute. Sie halten noch immer viel von so genannter charaktervoller Pflichterfüllung, auch einem Mörder und Schwein wie Hitler gegenüber, davon zeugen die Widerstände gegen die Ausstellung über die Verbrechen der Wehr-

macht im 2. Weltkrieg ebenso wie die Aussage des seinerzeitigen, unserem Land nicht zum Ruhm gereichenden Bundespräsidenten Kurt Waldheim, der als Generalstabsoffizier in Griechenland nichts von der Abschiebung und Ermordung der dortigen Juden gewusst haben und im Übrigen nur seine Pflicht erfüllt haben wollte; auch die Teilnahme eines Landeshauptmannes namens Jörg Haider an den Treffen ehemaliger Angehöriger der berüchtigten Waffen-SS auf dem Ulrichsberg, die er als Leute ansprach, die gemäß ihrem Treueschwur ihre Pflicht gegenüber dem Vaterland ehrenvoll erfüllt hatten, und die vielen ehemaligen alten Nazis, die sich auch gegen die Zivilbevölkerung der damals besetzten Länder immer streng soldatisch verhalten und außerdem von Metzeleien gegen Zivilisten und Massenerschießungen von Juden erstens nichts gewusst und zweitens nur ihre Pflicht erfüllt haben wollten, gehören in die gleiche Rubrik.
Aber tatsächlich mussten außer Idioten und Kindern alle Leute gewusst und gesehen haben, was die Nazis im Schilde und auch durchführten, man brauchte nicht Hitlers *Mein Kampf* gelesen zu haben um Bescheid zu wissen. Ich habe als kleiner Bub den Einmarsch der Nazis in Wien miterlebt und gesehen, welche Sauereien damals unter fast allgemeiner freudiger Anteilnahme der Bevölkerung gegen die Juden passiert sind, wie man sie lächerlich machte, ihre Geschäfte mit den Slogans *Juda verrecke!* oder poetischer *Wer kauft bei einem Judenschwein, der kann kein guter Deutscher sein!* beschmierte und besoffene Nazis *Wenn das Judenblut vom Messer spritzt, geht's uns noch mal so gut* grölten, orthodoxen Juden die Pajes und der Bart abgeschnitten wurden, man sie verhöhnte, verlachte, bespuckte und mit Zahnbürsten die überholten Slogans der Regierung Schuschnigg von Gehsteigen waschen ließ, und schon als Siebenjähriger mitbekommen, wie schnell die Juden und bekannten Linken aus dem Bezirksbild Margaretens nach irgendwohin verschwanden und ihre Geschäfte und Wohnungen von Nazis arisiert wurden, habe später die Gerüchte von Vernichtungs-

lagern gehört, in denen man die Juden zu Tausenden ums Leben brachte. Nicht nur ich, der kleine Bub, sondern die meisten, ja fast alle Leute wussten das mehr oder weniger, es blieb nur den Pflichterfüllern wie Waldheim und anderen verborgen.

Und wieder ein Foto von Hedy, der mit den hohen Backenknochen, die in meinem Leben und dem meines Freundes Fritz eine große Rolle spielte, vielleicht, weil an ihr etwas undefinierbares Besonderes war und sie die Männer magisch anzog, obgleich sie im Grunde keine schöne, aber dafür eine Frau durch und durch war.

Als wir sie durch einen der Zufälle, die manches Leben bestimmen, durch irgendeinen Freund – War es Erwin? Oder Karli? Jedenfalls feierten wir in dessen Wohnung irgendwas – kennen lernten, war sie für mich zunächst nur eine um drei oder vier Jahre ältere Frau, die mich nicht interessierte, weil sie offensichtlich mit meinem Freund Fritz flirtete.

Wie dieser Abend zu Ende ging, weiß ich nicht mehr, weil ich wieder zu viel getrunken hatte und irgendwann nach Hause torkelte, aber Fritz erzählte mir am nächsten Tag, dass er mit dieser Hedy im Kabinett unseres gemeinsamen Freundes geschlafen und dabei festgestellt hatte, dass sie und keine andere die Frau seines Lebens war.

Bisher waren Fritz und ich unzertrennlich gewesen.

Wir kannten uns seit etwa vier Jahren, waren seither fast jeden Abend zusammen, übten in der Wohnung seiner Eltern Catchergriffe, gingen gemeinsam saufen und zu den Huren, waren einander so nah, dass wir eine Zeit lang bei den anderen sogar unter dem Verdacht standen, die gleichgeschlechtliche Liebe entdeckt zu haben und ein warmes Paar zu sein, was natürlich nicht stimmte, für die anderen aber immerhin etwas Neues war. Wir waren ausschließlich auf Frauen aus, hatten aber beide bisher keine für mehr als eine oder zwei Nächte, also keine feste Freundin gefunden, was an uns lag, weil wir ziemliche Trottel waren.

Das änderte sich nun schlagartig. Wir waren von nun an, mit Ausnahme der Nächte, die Fritz mit seiner Traumfrau in deren kleiner Wohnung zubrachte, zu dritt und ich spürte, wie mir Fritz immer mehr entglitt und ich mich gleichzeitig dem Zauber Hedys nicht entziehen konnte. Also kam, was bei solchen schlampigen Beziehungen immer kommt: Ich landete, wenn Fritz, der in einer großen Optik-Fabrik arbeitete und manchmal Nachtschicht hatte, in Hedys Bett, aber natürlich kamen weder Fritz noch unsere anderen Freunde dahinter, dass es zwischen mir und der mit den hohen Backenknochen etwas gab.
Aber irgendwann erwischte uns Fritz, weil er sich während der Nachtschicht verletzt hatte und nach einer Verarztung durch den Rettungsdienst nach Hause geschickt wurde, im Bett und es kam zu einer unguten, aber auch lächerlichen Szene, weil wir beide Hedy wollten und bereit waren, für sie alles zu riskieren.
Die Entscheidung darüber fiel noch in dieser Nacht, weil sich Hedy eindeutig für den besser verdienenden Fritz erklärte. Er und ich waren seither geschiedene Leute, sahen einander nur mehr zu Matches, weil wir beide in der gleichen Handballmannschaft spielten, glichen aber zwei Eisbergen, die einander im Polarmeer begegnen und wortlos aneinander vorbeischwimmen.

Fritz war dann noch einige Jahre mit Hedy beisammen, heiratete später aber eine andere, doch diese Ehe wurde, wie ich über Dritte gehört habe, nicht glücklich, jedenfalls vergingen die Jahre, ich verlor sowohl Fritz wie Hedy aus den Augen und fand ja meine Greti, die fortan, bis zum Ende ihres Lebens, für mich alles, ja, die Welt war, wir lebten beinahe in einem hermetischen Zustand, der alles Vergangene und neue Bekannt- oder Freundschaften aus- und nur unseren Sohn Edi, und selten wen anderen, einschloss.

Ich erinnere mich heute mit einem gewissen Unverständnis

daran, wie versessen ich damals, vor fast fünf Jahrzehnten, auf Hedy war, schaue aber in der heutigen Nacht ohne jede Gemütsregung auf die hohen Backenknochen und leicht geschlitzten Augen, von denen ich nicht mehr sicher bin, ob sie grau oder graugrün waren und worüber mir auch das kleine Schwarzweißfoto keine Antort gibt, schaue, wohl ein letztes Mal, auf die vollen Lippen und die Frisur aus den späten 40er-Jahren, finde keine Übereinstimmung mit der dürren, ja verfallenen Klosettfrau, der ich in einem Innenstadtlokal ein paar Münzen auf den auf einem Tischchen stehenden Teller geworfen und die mich angesprochen und sich als die Hedy zu erkennen gegeben hatte, der Fritz, ich und andere Männer für kürzere oder längere Zeit verfallen gewesen waren.
Wie dieses Foto Hedys in die Schuhschachtel gekommen ist, weiß ich nicht, es spielt auch keine Rolle. Meine spätere Frau kannte sie nur flüchtig und hatte weder eine Beziehung zu noch hohe Meinung von ihr und würde dieses Foto kaum aufgehoben haben. Ich konnte mich aber auch nicht erinnern, es jemals besessen zu haben – aber es war eben da und würde von mir wie alle anderen weggeworfen werden, weil *wos wor, is gewest und nimmer do.*

Ich erledigte das gleich und schaute auf einige andere Fotos, von denen ich nicht wusste, wen sie zeigen, es waren wahrscheinlich Bekannte oder Freunde von Gretis Eltern oder deren Eltern, sie stammen der Kleidung nach durchwegs aus der Zeit von etwa 1900 bis 1920, es sind schon gelblich gewordene Fotos von Leuten, die früher für jemand Bedeutung hatten, sonst wären sie nicht aufgehoben worden. Sicher hätte mir Greti, wenn sie noch lebte, über diese Leute etwas sagen können, mir waren sie jedenfalls fremd.

Man hebt sich ja jede Menge von persönlichen Erinnerungsstücken und Fotos auf, ich zum Beispiel ein dünnes Silberkettchen mit grün emaillierten herzförmigen Anhängern, das ich einmal von jemand, möglicherweise von meiner Kusine Erna, bekommen habe, auch das alte Strafgesetzbuch und die Strafprozessordnung, aus denen ich in der Polizeischule büffelte, habe ich noch irgendwo hinter anderen Büchern im Regal stehen, beide längst außer Kraft, oftmals novelliert oder durch neue Gesetze ersetzt und nur mehr Ballast, wie vieles, was hinter einem Regal oder einer Schublade dahindämmert, später von Erben, die damit nichts anfangen können, entdeckt und weggeworfen wird, wie ja alles, was einer hinterlässt und das dessen Leben war, für einen anderen völlig wertlos ist.

Jeder von uns hat ja zwei oder sogar mehr Leben – das, welches alle kennen, und das, was er tief in seinem Inneren verbirgt und nicht einmal seinen engsten Angehörigen, ja manchmal sogar sich selbst nicht offenbart.

Mir fiel wieder Gottfried Benns Gedicht *Jena* über die von seiner Mutter erhaltene Ansichtskarte ein, über die Stadt, die ihr, in einem *lieblichen Tale* liegend, so sehr gefiel, in dem Benn aber als Resümee schreibt: *nun längst vergessen, erloschen die Ahne, / selbst ihre Handschrift, Graphologie* – und dann, am Ende: *und das gilt allen und auch für den, / die – Jahre des Werdens, Jahre der Wahne – / heute die Stadt im Tale sehn*, wobei dieses Jena als Synonym für alles gilt, was irgendwann einem Menschen etwas sagte und bedeutete, aber für die Nachkommen, ja, für einen selbst, wenn man alt genug wird, ins Nichts taucht, nur mehr ein Stück Papier ist, das, wenn es, Abschied nehmend, noch einmal im Bewusstsein Gestalt und so was wie Leben annimmt, wie bald man selber auf der Mülldeponie endet.

Jahre der Jugend, Jahre der Wahne ...

Für andere vergessen, verweht, ein in irgendeiner Registratur abgelegtes Dokument und nur mehr in meinem Herzen lebendig, damals aber das Wichtigste in Gretis und meinem Leben: die amtliche Urkunde über unsere Heirat.

Wir wollten erst nur zusammenleben, weil wir beide nichts

von der Institutionalisierung und einem mit amtlichen Stempelmarken versehenen Fetzen Papier, sondern alles von unserer Liebe hielten, zu viele unserer Freunde und Bekannten waren schon geschieden worden und trotz eines im Standesamt gegebenen und damals sicher ernst gemeinten Versprechens auseinander gelaufen wie überständiger Käse, und denen, die kirchlich geheiratet hatten, hatte auch die Floskel *In guten wie in schlechten Zeiten, bis dass der Tod euch scheidet* wenig oder gar nichts genützt, weil man trotz des Segens des Priesters und seiner angeblichen Macht, für die Ewigkeit zu binden und zu lösen, einen anderen Menschen oder vielleicht auch nur dessen sexuelle Anziehung besser gefunden hatte.

Aber bald zeigte sich, dass bloßes Zusammenleben, damals, in den ausgehenden 50er-Jahren, nicht so einfach wie heute war.

Der heute gängige Begriff des *Lebensmenschen* existierte noch nicht, das freie Zusammenleben von Menschen hatte noch einen Hauch von Anrüchigkeit, zudem auch keinen rechtlich abgesicherten Hintergrund, im Fall einer schweren Erkrankung erhielten nur Ehepartner, Kinder oder nahe Verwandte des Patienten, aber nicht bloße Lebensgefährten ärztliche Auskunft, auch die meisten Ämter wollten mit bloßen Lebensgefährten nichts zu tun haben, schließlich konnte sich ja jeder Beliebige als ein solcher ausgeben – also bat ich Greti, auch vor dem Gesetz meine Frau zu werden, weswegen sie sich, weil sie erst vor kurzem geschieden worden war, einer amtsärztlichen Untersuchung unterziehen musste um festzustellen, dass sie nicht etwa von ihrem geschiedenen Mann schwanger war, was zu Komplikationen und Rechtsstreitigkeiten führen konnte.

Das traf nicht zu, also bestellten wir im Standesamt das so genannte Aufgebot und heirateten nach einigen Wochen in bescheidenstem Rahmen.

Als Trauzeugen fungierten ein Arbeitskollege von mir und der damalige Lebensgefährte meiner Mutter, mehr als sechs Personen waren im Trausaal nicht zugegen, es gab weder

Musik noch Blumen und die übliche Ansprache des Standesbeamten war sehr kurz, wir aßen nach der Hochzeit bei meiner Mutter Wiener Schnitzel mit Erdäpfelsalat, fuhren dann mit der Straßenbahn zum Donaukanal um unsere Hochzeitsreise anzutreten, die allerdings nur in einer kleinen, zweistündigen Rundfahrt mit einem Dampfer bestand, gingen danach in den Wurstelprater, aßen im Pratergasthaus *Zum Walfisch* eine Kleinigkeit, fuhren mit der Straßenbahn wieder nach Hause, und das war es dann gewesen.
Natürlich war diese Hochzeit im Grunde eine Farce, aber wir hatten einen Trauschein und der damals besonders unter kleinen Leuten herrschenden Konvention Genüge getan, waren nicht mehr zwei Menschen, die es miteinander trieben, sondern, wie es sich gehörte, Mann und Frau.
Dass es von unserer Hochzeit keine Fotos gibt, liegt daran, dass wir beide damals wenig verdienten und keinen Fotoapparat besaßen, was aber unserer Liebe keinen Abbruch tat. Sie hielt auch ohne Hochzeitsfoto über 44 Jahre und bis zu dem Augenblick, als Greti tot auf dem Boden des Krankenhauszimmers lag und ihr der herbeigerufene Arzt sinnloserweise »Frau Hinterberger, hören Sie mich?!« und »Hören Sie mich, Frau Hinterberger?!« ins Ohr schrie, was natürlich nichts mehr nützte, weil sie bereits einen Herzstillstand hatte und wie alle Toten nichts mehr hörte.

Greti und ich haben sicher nicht die beste aller Ehen geführt, aber wir waren eins in Fleisch und Blut, sind es geblieben und werden es bleiben, solange mein Herz schlägt, obgleich von ihr nur mehr ein Häufchen Asche übrig ist.
Keiner weiß wirklich, was nach dem Tod ist. Die Philosophien und Religionen äußern sich ja widersprüchlich darüber, weil es sich eben um den Bereich handelt, von dem Shakespeare sagt, dass von ihm kein Wanderer wiederkehrt. Ich als Buddhist müsste natürlich daran glauben, dass einer, der wie meine Greti noch voll an der Welt und an mir gehangen ist und *Karma* anhäufte, in irgendeiner Form wieder

geboren wird oder, als Alternative, dass weder sie noch ich wirklich gelebt haben, weil der Mensch und alles, was ihn umgibt, nur eine Fiktion ist und es im höchsten Sinn nur eine allumfassende Leere gibt, bin mir dessen aber nicht sicher, weil ich ja nur ein Mensch und kein Buddha bin.
Mag sein, dass es für das menschliche und sonstige Leben und für das Universum weder einen Anfang noch ein Ende gibt, diese Dinge nur auf Sinnestäuschung beruhen und nur in Träumen von Träumen von Träumen im Wachen und Schlaf zu dem werden, was wir zu sehen meinen.
Ich weiß es nicht, werde es wie alle anderen wahrscheinlich nie in letzter Konsequenz wissen, was ich weiß ist, dass es jetzt Nacht ist und ich vor Schuhschachteln voller Fotos sitze, um von meiner Greti, einer Vergangenheit und dem Scherbenhaufen meines Lebens Abschied zu nehmen.

Ich stoße auf eine Anzahl von Fotos aus der Zeit, in der wir eine Saisonkabine im Gänsehäufelbad hatten, und die sämtlich eine glücklich lachende Greti zeigen, weil sich mit dieser Kabine einer ihrer bescheidenen Träume erfüllt hatte.
Sie brauchte damals, weil ich mittlerweile durch mein Schreiben genug verdiente, nicht mehr arbeiten zu gehen, konnte in der warmen Jahreszeit den ganzen Tag über in der Sonne und am Strand der Alten Donau liegen und durch die unmittelbare Nähe der Natur ein bisschen mehr Freude in ihr Leben bringen, sie war ja im Gegensatz zu mir weder ein Hinterhof- noch Gassenkind, sondern von ihrem Großvater und dessen vielen Vögeln, die der Großvater in seiner Werkstatt-Wohnung hatte, in Liebe zur Natur, mochte sie nun die Schöpfung eines Gottes oder nicht sein, aufgewachsen, hatte, was ich trotz ihres Bemühens eigentlich nie richtig gelernt habe, Freude an der Natur, schaute gern den Insekten und den Vögeln zu und freute sich über deren vielstimmigen Gesang, während ich die prägenden Erlebnisse meiner Kindheit allerhöchstens im nahen staubigen Einsiedlerplatz mit seinen Spatzen und Tauben, die allerdings nicht singen konnten,

sonst aber nur durch den Anblick von Hinterhöfen, Feuermauern, Hausfassaden und den Geräuschen, die verwohnte Zinshäuser aus ihren geöffneten Fenstern entlassen, aufnahm und bis heute nicht mehr von ihnen loskomme.
Was den Menschen wirklich prägt, sind die bleibenden Eindrücke der Kindheit, alles, was später kommt, ist peripher und wechselhaft.
Aus dem Grund sagt mir auch, obgleich mich viele darum beneiden, unser in jüngster Zeit gekauftes kleines Haus im Klosterneuburger Strandbad, mit seinem gepflegten Rasen rundum, den Blumen, Sträuchern und dem von Morgen bis Abend zu hörenden Gesang verschiedenster Vögel nichts. Es wurde nur für Greti angeschafft und sie freute sich kurz vor ihrem Tod schon wieder auf die warme Jahreszeit und unseren Umzug, legte Listen über die zu kaufenden Blumen und neu zu pflanzenden Ziersträucher an und ich spielte aus Liebe zu ihr mit und tat so, als wäre dieses Haus auch ein Herzstück meines Lebens.

Ich finde wieder Fotos vom Gänsehäufelbad, auf denen taucht immer wieder unsere Enkelin Sabine, damals bloß ein Häufchen Mensch, auf, das nur einige Worte sprechen, dafür aber viel lachen konnte, und natürlich unser Sohn Edi, dem der Vaterstolz aus den Augen leuchtete, sowie einige Bekannte und Freunde, die uns ab und zu besuchten oder ebenfalls Dauergäste waren.

Heute hat das Gänsehäufelbad allerdings an Wert verloren, obgleich es modernisiert wurde. Aber die rundum als Folge des Größenwahns von Bezirks- und Stadtpolitikern aufschießenden Hochhäuser und Wohntürme beeinträchtigen die Natur und verschandeln ein Gebiet, das einmal die Oase der Großstadt war.
Übrigens war die Ver- und Zerbauung Kaisermühlens einer der Gründe, warum ich den *Kaisermühlen-Blues* nicht weiterschrieb, der lebte schließlich auch von den Naturaufnah-

men, die in einer Betonwüste unmöglich geworden sind. Kaisermühlen hat nun keinen Blues mehr, dafür aber, wie die Bezirkspolitiker meinen, eine Manhattan ähnliche Skyline.

Als Nächstes kamen mir ein paar Fotos aus der gleichen Fabrik, in die ich nach zehnjährigem Intermezzo als Bibliothekar des Volksheims Ottakring, wieder zurückkehrte, in die Hand.
Aus dieser Bibliothekszeit gibt es keine Fotos, weder vom Volksheim noch von der 26.000 Bände umfassenden Bibliothek, von denen 20.000 als unaktuell, aber aufhebenswert im Magazin und 6000 in der Ausleihe standen. Wir und das Volksbildungshaus Margareten hatten bereits in den frühen 70er-Jahren die ersten so genannten Freihandbibliotheken, in denen die Bücher nach Sachgebieten und alphabetisch gereiht waren und sich der Leser selbst bedienen konnte.
Ich absolvierte damals extern und während meiner Freizeit die Büchereischule der Stadt Wien, schloss sie mit Auszeichnung ab, war gern Bibliothekar, weil ich da über die von mir geliebten Bücher mit Leuten reden konnte, die sie ebenso liebten, und wäre gerne bis zu meiner Pensionierung geblieben. Aber leider gerieten die um die vorletzte Jahrhundertwende von reichen Liberalen gegründeten und später finanziell vom Staat und der Stadt unterstützten Volksbildungshäuser, die sich heute Volkshochschulen nennen, infolge unfähiger Direktoren in ein Desaster, wurden die Häuser zwar von der Gemeinde Wien übernommen, die Bibliotheken aber geschlossen, weil die Gemeinde sowieso genügend eigene besaß.
Ich hätte damals zwar ohne weiteres in den Gemeindedienst wechseln können, aber eine Arbeit in den bürokratisch und geistig eng ausgerichteten Städtischen Büchereien interessierte mich nicht, außerdem wurde mir in der Fabrik, in der ich ja schon jahrelang gewesen war, der Posten des Expedienten angeboten, sodass ich wieder dort landete. Allerdings befand sich die Fabrik jetzt nicht mehr in der Högel-

müllergasse in Margareten, sondern war an den Stadtrand, nach Liesing in die Perfektastraße verlegt worden.

Viele der ehemaligen Kollegen waren schon gestorben oder in Pension, aber ein paar waren noch da und mit ihnen viele Neue, auch an die 60 Prozent Gastarbeiter, weil sich unsere Leute allmählich zu fein waren, in einer zwangsläufig schmutzigen und stinkenden Metallwarenproduktion zu arbeiten.
Ich verstand mich von Anfang ab gut mit den Türken und Jugoslawen beiderlei Geschlechts, lehnte die Anrede Meister oder Chef ab, sondern stellte mich, im Gegensatz zu manchen Einheimischen, die sich als was Besseres fühlten, auf Du und Du mit ihnen, weil wir schließlich alle mehr oder weniger arme Hunde waren, die nicht aus Spaß, sondern weil sie mussten, ihre Arbeitskraft, oft unter ihrem Wert, an den Unternehmer verkauften.
Ich habe nie was davon gehalten, die Leute in bessere oder schlechtere, gescheitere oder dümmere, Aus- oder Inländer einzuteilen, weil für mich alle gleich sind – aber natürlich ist das ideell gemeint, es gibt ja keine zwei völlig gleichen Menschen, wie uns Fingerprints und DNA beweisen. Doch der Ablauf unseres Lebens mit all seinen Höhen und Tiefen, oft unerfüllten Träumen und das Ende laufen doch auf ein und dasselbe hinaus – wie John Donne in seinem Gedicht sagt, das von Hemingway als Titel für seinen spanischen Bürgerkriegsroman verwendet wurde: *Frag nicht, wem die Stunde schlägt, sie schlägt auch für dich.*

Die Fotos aus meiner dritten und letzten Fabriksperiode zeigen mich mit allen möglichen Frauen und Männern, so genannten Kolleginnen und Kollegen, was sie aber nicht immer waren, weil das soziale Gefüge in Fabriken, was Außenstehende und Salonsozialisten, die nie in einer Fabrik waren, nicht glauben können, kein solidarisches, sondern manchmal ein geradezu mörderisches und von dem durchsetzt ist, was heute Mobbing genannt wird. Frauen verdie-

nen nach wie vor und trotz aller angeblichen Bemühungen von Gewerkschaft und Politikern erheblich weniger als Männer, sind ihren unmittelbaren Vorgesetzten, den so genannten Meistern, ausgeliefert, werden von denen, wenn sie einigermaßen hübsch sind und über genügend Hintern und Busen verfügen, abgegriffen, angegangen und sexuell belästigt und, falls sie dem unzugänglich sind, als blöde unfähige Trampeln von einem Meister zum anderen geschickt und schließlich als unbrauchbar gekündigt.
Früher war der Unternehmer sicher der Feind und Ausbeuter der von ihm abhängigen Arbeitnehmer und Klassenkampf wichtig. Heute ist der Unternehmer aber durch alle möglichen Gesetze gehalten, gewisse Auflagen wie Mindestlohn nach dem Kollektivvertrag, Urlaubs- und Weihnachtsgeld zu erfüllen, will er nicht mit dem Arbeitsgericht in Konflikt kommen, der wahre Feind der Arbeitnehmer ist in denen selbst zu sehen, wenn sie einander entweder um kleinster Vorteile willen oder nur aus selbstloser Gemeinheit heraus bespitzeln, denunzieren oder sonst wie das Leben

schwer machen, das alles kann ich nur als Pendant zu einem, wenn auch ohne Schusswaffen, aber trotzdem manchmal tödlich ausgehenden Dschungelkrieg sehen.

Ein Nachzügler-Foto stammt noch aus der Zeit, in der die Fabrik in der Högelmüllergasse war und ein Fotograf durch die Werkstätten ging und uns einzeln und in Gruppe aufnahm. Ich arbeitete damals an einer alten Revolverdrehbank, die so heißt, weil die spanabhebenden Werkzeuge in einer revolverähnlichen Trommel angeordnet sind.
In unserer Werkstätte standen an die 20 davon, die von einer großen, an der Decke befestigten Hauptwelle mit Riemen angetrieben wurden, und wir angelernten Arbeiter waren eine bunte Gesellschaft, die meisten waren Männer zwischen 40 und 60, viele von ihnen hatten den Krieg mitgemacht und waren bei uns gelandet. Alles gute Leute, die seinerzeit ihre Berufe, die nichts mit Metallwaren zu hatten, erlernten, aber durch die Zeitumstände, Arbeitslosigkeit und dann Dienst in der Wehrmacht aus der Bahn geworfen worden waren, keinen Anschluss mehr fanden und froh waren, in der Firma W. A. Richters Söhne, so hieß die Bude, unterzukommen.
Auf dem großen Foto standen sie alle – die Einrichter Schaupp und Cerni, Letzterer wegen einer bis zum Rumpf reichenden Beinprothese von uns hinterrücks und ziemlich roh *Privatfuß* genannt, der alte Pichler-Schurl, dann der Sommer-Hansl, der oft aus irgendeinem Grund während der Arbeit Grimassen schneidende Wüst-Karli, der eine Ähnlichkeit mit dem damals populären amerikanischen Filmschauspieler Victor Mature hatte, der alte Kotzmann, der früher einmal in Preßburg ein Frisörgeschäft besessen hatte, aber nach 1945, weil er vielleicht ein kleiner Nazi war, abgeschoben wurde und bei uns landete, der Barta, der im Russlandfeldzug angeschossen wurde, einen verkrüppelten Arm hatte und uns dauernd von den Vorteilen des Cunnilingus vorschwärmte, den er im Intimverkehr für unumgänglich

hielt, die drei Frauen, welche an halbautomatischen Revolverdrehbänken arbeiteten, bei denen man sich das mühevolle und Kräfte raubende Zuspannen ersparte, und vor allem der Burli, mein alter *Bluthaberer*, wie wir den indianischen Begriff Blutsbruder ins Wienerische transponierten, der von riesigen Brüsten besessene alte Burli, er war bereits drei- oder viermal geschieden, jetzt wieder mit einer gewissen Franzi beisammen, die schon Pensionistin, aber noch und seinen Berichten nach besonders im Bett vital war und deren Brüste, wie er uns oftmals schilderte, so groß waren, dass sie sie nur mit einem extra angefertigten Busenhalter in der Art einer Hängematte bändigen konnte, und die ihn den Altersunterschied, sie war 15 Jahre älter als er, vergessen ließen.

Der Burli war mein besonderer Freund, er war einer der wenigen unter uns, die nie einen Beruf erlernt hatten, fanatischer F.C.-Wien-Anhänger, eines Vereins, der damals und besonders in Favoriten, dem 10. Bezirk, viele Anhänger hatte und vom legendären Papa Watzinger geführt wurde, heute aber entweder nicht mehr existiert oder in einer Unterklasse dahindümpelt.

Burlis schönste Zeit war die gewesen, als er, als Besatzer in Russland stationiert, sich jede Menge Frauen nehmen und als Herr fühlen konnte, was ihm viele Orgasmen und dreimal einen Tripper einbrachte, er war eines von sieben Kindern einer Favoritner Arbeiterfamilie, bis zu seiner glorreichen Russlandzeit ein Niemand gewesen und auch jetzt wieder einer, aber als einer der wenigen mit seinem Leben zufrieden, solange es genug riesige Brüste gab, zwischen denen er seinen Kopf betten konnte, wenn ihm danach war.

Mit einer der Frauen, die gleichfalls auf diesem Gruppenfoto sind – sie hieß Brigitte und irgendwas, ihr Mann war 1944 als Widerstandskämpfer von den Nazis im Wiener Landesgericht geköpft worden und sie war eigentlich die als für uns tabu geltende Freundin des *Privatfußes* – verbrachte ich einmal eine Nacht in ihrer Einzimmerwohnung in einem

Meidlinger Gemeindebau, was sich zufällig nach einer Betriebssauferei und wahrscheinlich daraus ergab, dass sie das Bedürfnis hatte, es zur Abwechslung wieder einmal mit einem Zweibeinigen zu treiben.
Ein anderes Foto zeigt mich, 25 Jahre später, im Kreis von Kollegen und Kolleginnen, diesmal aber schon in der in die Perfektastraße übersiedelten Fabrik.
Einige dieser Leute sind schon tot, einige stehen wahrscheinlich knapp davor, der Burli, den es damals noch gab, hält sich – wie Thomas Bernhard gesagt hätte *naturgemäß* – an den enormen Brüsten einer Gastarbeiterin namens Dragica fest und grinst selig ins Objektiv, ob er heute noch lebt, weiß ich nicht, wenn ja, müsste er jetzt an die 100 sein.

Dann kam mir noch eines in die Hand, das mich während eines Interviews mit einem Redakteur der Industriellen-Zeitung an meinem Schreibtisch im Expedit zeigt, ich erhielt damals, 1975, den Anton-Wildgans-Preis für meinen Erzählband *Wer fragt nach uns?,* der mehr oder weniger meinen Einzug in die Literatur bedeutete, aber meinen Kollegen wurscht war, weil ich für sie der alte Ernstl blieb und sie für Literatur außer Konsalik und Robbins, vielleicht noch Simmel, nichts übrig hatten und meinten, es habe eben jeder sein Hobby und dagegen sei ja nichts zu sagen, solange es andere nicht belästigte.
Für mich war dieser Wildgans-Preis aber etwas Großes, ich konnte mir zur Freude meiner Greti einen VW-Käfer kaufen und mit ihr endlich über Land und in fremde Länder fahren, was ja andere schon längst machten.
Allerdings wurde ich von meinem neuen Milieu eher ungnädig und als Vorstadt-Strizzi oder Prolet aufgenommen, eine so genannt feinere Kollegin, die aber auch nur ein Loch hinten und eins vorn hatte, verfasste sogar einen offenen Brief, in dem sie sich darüber beklagte, dass mit mir, wie sie formulierte, die *Gosse in die Literatur Einlass* gefunden zu haben schien – diese Frau war nicht sonderlich begabt und

schrieb Schmöker über die Habsburger und ähnliche Hochgeborene, heute kennt sie keiner mehr.
In der Zwischenzeit haben Gossen-Autoren wie ich einen festen Platz im Mediengeschäft, weil viele Leute keinen zusammengepanschten Lebenskitsch, sondern das wirkliche Leben, das eben nicht immer fein ist, serviert bekommen und nicht dauernd so genannte bessere Guts- oder Schlossbesitzer, sondern Durchschnittsmenschen wie sich selber in Aktion sehen wollen, Leute, die heimischen Dialekt und keine künstliche Hochsprache reden und mit denen sie sich identifizieren können.

Ein Packen Fotos aus meiner Fernsehserie *Ein echter Wiener geht nicht unter*, die im Gegensatz zu meinem zehn Jahre vorher erschienenen Roman über den Mundl, der *Salz der Erde* hieß und sich mehr oder weniger als Flop erwies, ein riesiger und ganz unerwarteter Erfolg war, der die Nation, wie Kritiker anmerkten, zeitweilig in zwei scharf akzentuierte Gruppen spaltete.
Die der Gegner nannte die Serie ein unsagbares ordinäres Machwerk, ein Gewerkschaftsboss vermutete sogar, ich sei von der Industriellen-Vereinigung, deren Preisträger ich ja war, dazu bestochen worden, um den braven Wiener Arbeiter herunterzumachen. Die der Anhänger war von der Serie sehr angetan und ich habe Fans bis heute, wo Geschichten wie die vom Mundl weit hinter mir liegen.
Am Höhepunkt des Streites ergriff sogar der damalige Kardinal und Erzbischof von Wien, König, ein und meinte, der Mundl sei zwar kein feiner, dafür aber ein sittlich einwandfreier Mann, weil er in der ganzen Serie nie, auch in Gedanken nicht, seine Frau betrügt, sondern als zwar lauter und unbeherrschter, aber treu sorgender Familienvater dargestellt wird.
Den Vogel schoss eine liebe Kollegin aus der Fabrik, in der ich damals noch arbeitete, ab, indem sie meinte, der Mundl sei gar zu ordinär, und als ich ihr vorhielt, bei ihr selber

komme ja in jedem gesprochenen Satz mindestens ein Mal Arsch, Hurenkind oder Zumpferlspieler vor, sagte sie, das sei zwar richtig, aber sie wäre ja nicht, wie der ordinäre Mundl, im Fernsehen und vor den Leuten müsse man halt schon eine gewisse Form wahren.

Karli Merkatz verdankte der Rolle des Edmund Sackbauer seinen bis heute anhaltenden Aufstieg und hat oft Gelegenheit, zu zeigen, dass er auch anderes, mehr als den polternden Mundl spielen kann, auch für den mir lieben Götz Kauffmann war sein Hausmeister Kurti ein Popularitätsschub, nur Xandi Wächter und Dolores Schmidinger waren schon als Bühnenschauspieler bekannt und beliebt gewesen.
Leider konnten nicht alle Schauspieler aus dieser Serie, so gut sie auch waren, wie Merkatz und Kauffmann aufsteigen, was schade, aber in diesem eigentlich undurchschaubaren Beruf nicht zu ändern ist.
Für den Regisseur Reinhard Schwabenitzky und mich war der Mundl, obgleich wir seither getrennte Wege gehen, was sicher gut für uns und unsere Produkte ist, jedenfalls ein starker Schub, den wir, glaube ich, beide gut genützt und nicht leichtfertig aufs Spiel gesetzt haben.
Ein echter Wiener geht nicht unter wird auch heute noch immer im Fernsehen wiederholt, auf ihn freut sich bereits die dritte Generation und ich werde noch oft darauf angesprochen, was mir natürlich, obgleich ich die meisten der Folgen schon vergessen habe, wohl tut.
Karli Merkatz sang übrigens zur vom ORF organisierten Feier meines 70. Geburtstages, den auch Greti noch miterleben durfte, mit viel Gefühl die Titelmelodie, das wehmütige Wienerlied vom *narrischen Kastanienbaum, der erst im August blüht*, und wir hatten nachher beide Tränen in den Augen.

Mehrere Fotos zeigen meine Frau mit unserem Papagei Gogo oder diesen in allen möglichen Posen allein. Wir hatten

ihn sozusagen als Baby von einem steirischen Züchter geholt hatten, weil Greti unbedingt ein Haustier, aber weder Hund noch Katze und auch keinen Wellensittich mehr wollte, seit unser Schurli, den wir acht Jahre hatten, wegen eines unheilbaren Leidens von einer Tierärztin zu Tode gespritzt worden war.

Einige Monate danach kamen wir eben auf die Idee, uns einen Graupapagei zu nehmen, weil der uns sicher überleben würde, was, heute weiß ich es, unvernünftig war, denn was hätte das an uns gewöhnte Tier nach unserem Tod für ein Leben gehabt.

Graupapageien sind nicht bloß Vögel, sondern ganz besondere Tiere mit einer Menschenfixierung wie Hunde, sie schließen sich, wenn man sie jung genug kauft, besonders an einen Menschen an, betrachten ihn als ihren Partner und verhalten sich anderen Leuten gegenüber sehr reserviert, selbst wenn sie zur gleichen Familie gehören.

Unser Gogo war ein Timneh, seine Art stammt aus dem afrikanischen Sierra Leone, er war verblüffend gelehrig und

konnte, von meiner Frau trainiert, an die 60 Worte, sogar Sätze wie »Gogo Hinterberg, Papagei« oder »Gogo will guten Trunk«, worunter er Himbeerwasser, nach dem er süchtig war, verstand, mich nannte er Leo, weil ihm Ernstl zu schwierig war, er sprach mit der Stimme meiner Frau, pfiff täuschend ähnlich wie ich, liebte es, jeden zweiten Tag lauwarm gebraust zu werden, aß außer seinem üblichen Futter gern mit uns weiche Eier und Butter, hörte gerne Radio, sah weniger gern fern, wahrscheinlich weil ihn der rasche Bildwechsel irritierte. Papageien sind ja auch in ihren Bewegungen bedächtig, lieben Umgang mit bedächtigen Personen und stellen sofort die Haare auf, wenn sich jemand zu rasch ihnen nähert.
Leider mussten wir ihn nach einigen Jahren weggeben, weil er sich an uns so angeschlossen hatte, dass er eine längere Urlaubsabwesenheit von uns nicht verkraftete und sich bei dem ihm fremden Tierhändler, bei dem er untergebracht war, derart kränkte, dass er sich fast die gesamten Brustfedern ausrupfte und jede Nahrung verweigerte – Tiere können ja nicht wie wir Menschen weinen und bringen daher ihren Kummer auf andere Art zum Ausdruck, aber sie sind zum großen Teil mit Gefühlen ausgestattete Lebewesen wie wir. Und wenn ich in der Zeitung oder im Fernsehen mit Berichten über Tierquälerei, besonders den Transportbedingungen für Schlachtvieh, konfrontiert werde, kommt es mir hoch und ich schäme mich dafür, dass ich ein Mensch bin. Ebenso widert mich die Art und Weise an, wie die Massentötungen in Schlachthäusern ablaufen, ich sehe und spüre geradezu körperlich die Aufregung und Todesangst der Tiere, die das dampfende Blut ihrer Artgenossen riechen und sicher genau wissen, dass es jetzt mit ihnen zu Ende geht.
Tiere haben zwar nicht unsere Art des Selbstbewusstseins und auch nicht unser Denkvermögen, aber unzweifelhaft Gefühle, die unseren sehr nahe kommen.
Jetzt ist unser Gogo seit Jahren bei einer burgenländischen Tierfreundin, lebt mit rund einem Dutzend anderer Papagei-

en in einer Voliere, fühlt sich dort sichtlich wohl und hat sich unter den Artgenossen sogar eine Partnerin gefunden, wird uns, so hoffe ich, wahrscheinlich vergessen haben, und, was die Hauptsache ist, bis an sein Lebensende kein vermenschlichter Vogel, sondern einer unter seinesgleichen sein.

Ich stieß auf ein Foto, das meine damals vielleicht sieben- oder achtjährige Enkelin Sabine, meine Greti und mich zeigt, wie wir mit einem Fiaker eine kleine Stadtrundfahrt machen. Sabine liebte und liebt noch Pferde und es war ihr damaliger Geburtstagswunsch, wenigstens ein Mal mit einem Fiaker zu fahren, sie sitzt daher auch glücklich lachend neben meiner Frau, während von mir, dem Gegenübersitzenden, nur der damals noch mit langen Haaren bedeckte Hinterkopf zu sehen ist.
Heute ist Sabine eine junge attraktive Frau, die längst ihren eigenen Weg geht, weiß, was sie will und ihr Leben danach einrichtet; mit einem Fiaker ist sie aber, soviel ich weiß, nie mehr gefahren, sie wird auch gar nicht mehr den Wunsch danach, sondern ganz andere Wünsche haben, die ihr hoffentlich zumindest zum größten Teil in Erfüllung gehen.

Auf einem anderen Foto waren meine Frau, unser Sohn, ich und ein in Istanbul lebendes Wiener Ehepaar zu sehen, es wurde 1964 in der Türkei gemacht. Wir waren damals sehr angetan vom Buch eines englischen Autors, das das historische und in die Moderne hinübergleitende Istanbul so eindringlich beschrieb, dass wir den Entschluss fassten, hin zu fahren, was mit dem Zug fast endlos dauerte, wohnten in einer kleinen Pension im Stadtteil Levend, waren tagsüber stundenlang unterwegs, schauten uns die Augen aus dem Kopf, sammelten unvergessene Eindrücke, hatten dazu noch das Glück, uns während der Bahnfahrt mit einem mitreisenden Wiener, einem älteren Herrn namens Fox, anzufreunden, der Architekt war und vor und während des Krieges

gemeinsam mit dem berühmten Clemens Holzmeister große Teile Ankaras erbaut hatte, seit 1950 aber afghanischer Hofbaumeister war, in Istanbul viele Bekannte hatte, zu denen das Wiener Ehepaar gehörte, das seit Jahren auf einer der Prinzeninseln nahe Istanbul ein Restaurant betrieb, wohin wir, dank der Verbindungen des Architekten und zur Freude unseres Sohnes, der damals 16 war, auf der Kommandobrücke eines kleinen Dampfers stehend, fuhren.
Heute wird Fox sicher nicht mehr leben, er war ja schon damals über 60 und das ist vielleicht ganz gut so, weil ihm all das Grausige, das sich jetzt in Afghanistan abspielt, erspart geblieben ist – getreu seiner aus der Verbundenheit mit der arabischen Welt und des Islam stammenden, oft und gern zu jedem Missgeschick geäußerten Devise *Wer weiß, wozu das noch gut sein kann.* Er hatte in den Jahren vieles aus dem Islam angenommen, war Mohammedaner geworden und der Ansicht, dass Allah es gut mit ihm meine und dank dessen Voraussicht über jedes Menschenleben, dessen Verlauf für ewige Zeiten bereits festgelegt ist, sich auch schlechte Ereignisse letztlich doch zum Guten wenden.

Istanbul war damals noch nicht so überlaufen wie heute, es gab zwar bereits Scharen von reichen Amerikanern und Japanern, aber wenig Europäer, die Gegensätze zwischen Islam und Christentum waren noch nicht so aufgebrochen wie in unseren Tagen und die Leute zum großen Teil uns gegenüber sehr freundlich, aber nicht servil, sie waren gern bereit, uns verborgene Kostbarkeiten wie die ganz holzgetäfelte Arab Camii und das prunkvolle Grabmal Hiobs, der nichts mit dem biblischen zu tun hat, sondern der Fahnenträger des Propheten Mohammed war, zu zeigen – sie waren einfach auf natürliche Weise menschlich und wollten sich gerne mit Fremden in einer Art Pidgin-English oder auch nur mit Händen und Füßen unterhalten, das erfuhren wir auch im überdachten weitläufigen Basar, wo uns ein Juwelier, der Deutsch konnte und bei dem wir für meine Greti ein Armkettchen

mit kleinem blauen Steinanhäger gegen den bösen Blick kauften, anvertraute, dass er weder die reichen Japaner noch die womöglich noch reicheren Amerikaner mochte, weil die in seinen Augen unmenschlich waren. Sie fragten nach dem Preis der Ware, feilschten nicht, wie es sich gehörte, bei einer Tasse Kaffee und ein bisschen woher und wohin um dessen Reduzierung, sondern zogen bloß die Geldtasche, zahlten oder schrieben einen Scheck aus und gingen grußlos davon. Eine, wie er sagte, kalte und hochnäsige Vorgangsweise, die dem stets gesprächsbereiten Türken ein Dorn im Auge ist und zeigt, dass er es zwar mit einem Reichen, aber keineswegs mit einen Menschen zu tun gehabt hatte.
Dazu fällt mir ein Erlebnis ein, das ich in Wien mit einem ehemaligen türkischen Arbeitskollegen hatte. Er hieß Orman, hatte seinerzeit als Mitglied des Nato-Expeditionskorps in Korea gekämpft, dort, wie es ihm aufgetragen worden war, einige Dutzend schlitzäugige Feinde Allahs ums Leben gebracht, war dafür mehrfach ausgezeichnet worden, hatte aber nach dem Ende seiner Militärdienstzeit in der Heimat keine Arbeit gefunden und war als Gastarbeiter zu uns nach Wien und in unsere Fabrik gekommen, wo er die fertigen, noch stark öligen Drehteile erst in Trichlor wusch und dann in einer großen Trommel trocken schleuderte – eine anstrengende Arbeit, die wegen der gesundheitsschädigenden, aber von den Arbeitsinspektoren ignorierten Trichlordämpfe keiner länger als ein Jahr aushielt und für die sich kein Einheimischer mehr hergab.
Ich hatte Orman jahrelang nicht mehr gesehen, traf ihn aber, als ich mit meiner Greti auf dem Meidlinger Markt einkaufen war, mit seiner im Rahmen der Familienzusammenführung vor kurzem nach Wien gekommenen Frau, er stellte sie uns ganz stolz vor, griff dann nach ihrem Mund und zog ihn wie ein Pferdehändler auseinander, damit wir das wunderschöne, von der Krankenkasse angefertigte falsche Gebiss gebührend bewundern konnten, sagte dabei: »Östreich gut Land. Doktor gut. Alles prima – schauen!«

Dieser Orman war es auch, der uns richtige kultivierte Lebensart lehrte, die für ihn unter anderem darin bestand, sich nach jedem Stuhlgang auf dem WC den Hintern, nicht wie wir Unkultivierten mit Papier, und damit mit der gleichen Hand, mit der man isst, abzuwischen, sondern sich zu diesem Zweck mit Wasser aus einer mitgebrachten Flasche gewissenhaft zu übergießen. Dass damit immer eine kleine Überschwemmung des WCs verbunden war, interessierte ihn nicht, schließlich gab es genug Putztücher in der Firma, und die Reinhaltung des Körpers hatte natürlich vor der des Fußbodens unbedingten Vorrang.

Die nächsten Packen Fotos schaute ich nur flüchtig durch, sie stammten aus den letzten Jahren und zeigten die Schauspieler des *Kaisermühlen-Blues* und die Leute hinter der Kamera in Aktion.

Diese TV-Serie lief sieben Jahre, hatte 66 Folgen und war wie der *Echte Wiener,* der nicht untergeht, ein Quotenrenner, der vielen Leuten gefiel, einigen Kaisermühlnern aber nicht, weil sie sich von uns zu Unrecht als dumme ordinäre Menschen verunglimpft fühlten und der Meinung waren, dass das, was über die Bildschirme lief, nicht der Wahrheit entsprach, weil die Kaisermühlner weder so dumm noch ordinär wie im Fernsehen dargestellt, sondern ganz anders, nämlich intelligent und durchaus in der Lage seien, sich fein auszudrücken.

Das war aber zu hoch gegriffen, weil wir in dieser Serie bloß das Leben kleiner Leute möglichst wirklichkeitsnah zeigten, und das verläuft eben nicht durchwegs auf hohem Niveau, aber dafür durchaus menschlich. Man redet in Kaisermühlen und auch anderswo kaum in der Schriftsprache, sondern in schwerem Dialekt, der ja bei weitem schöner und färbiger als das gestelzte oder genäselte Schriftdeutsch klingt. Außerdem zeigten wir die nicht nur in Kaisermühlen, sondern überall auf der Welt und im Alltagsleben ablaufenden Krassheiten gar nicht, bemühten uns um menschliche

Wärme der und Verständnis für die Fernsehfiguren, stellten sie nicht, wie manche behaupteten, als Trottel, sondern als Leute dar, nicht dümmer als andere Menschen.
Wer von uns macht in seinem Leben nicht eine Menge Dummheiten und die Gescheitesten oft mehr als die von ihnen für blöd Gehaltenen. Und was die, zugegeben, teilweise ordinäre Sprache betrifft, so kommt sie daher, dass viele kleine Leute eben nicht gelernt haben, sich in der Schriftsprache druckreif und vornehm auszudrücken, und das, was sie zu sagen haben, sehr klar und anschaulich sagen.
Jedenfalls war diese Serie für uns alle, die wir daran beteiligt waren, ein Erlebnis. Sie verband uns anfänglich zusammengewürfelte und engagierte Schar, machte aus uns so was wie eine Großfamilie, und die meisten von uns sind einander heute noch freundschaftlich verbunden.
Sie brachte einigen Schauspielern und auch mir große Popularität, hatte für manche Schauspieler allerdings auch den Nachteil, dass sie bis heute für keine anderen Rollen engagiert werden, weil sie sich durch die siebenjährige Laufzeit der Serie als die Personen, die sie ja nicht waren, sondern nur laut Drehbuch verkörperten, so sehr ins Bewusstsein der Seher eingegraben hatten, dass die Verantwortlichen des ORF meinen, sie würden bei den Leuten nicht ankommen, wenn sie jetzt plötzlich andere Rollen spielten, deren Charakter mit Kaisermühlen nichts zu tun hatte.
Nur Wolfgang Böck schaffte den Übergang. Er spielt in einer neuen Serie den Kriminalbeamten Trautmann, der er schon im *Blues* war, weiter, ist geradezu das Idealbild des erdhaften Wiener Kriminalbeamten und deswegen nicht nur bei den Sehern, sondern auch den wirklichen Kriminalbeamten sehr beliebt, weil sie ihm das Attest ausstellen, seine Darstellung komme der Realität zumindest sehr nahe, sei nicht so ein im Hirn des Autors zusammengevögelter Typ wie die meisten TV-Kriminalbeamten.
Aber natürlich entstehen solche unrealistischen TV-Kommissare immer wieder, was daran liegt, dass manche Dreh-

buchschreiber zwar guten Willen, aber zu wenig Kenntnis des Milieus haben und etwas, von dem sie glauben, es sei so oder könnte zumindest so sein, zusammenfabulieren oder zwar Recherchen machen, dabei aber von ihren Kontaktleuten kaum jemals die Wahrheit erfahren, wer gibt schon gern sein Innerstes preis.

Ich aber erfinde keine Figuren, sondern kenne sie, habe sie alle irgendwann getroffen, gesehen und reden gehört, für das TV natürlich mit anderen Namen ausgestattet und auch sonst in andere Zusammenhänge gestellt, sie entstammen nicht der Fantasie, sondern der Wirklichkeit und meinem Milieu, in dem ich seit 70 Jahren zuhause bin und das ich nie verlassen habe.

Deshalb ist für mich das von Roland Neuwirth geschriebene Wienerlied *Jeder Ratz liebt sein' Kanäu* (in Schriftdeutsch: Jede Ratte liebt ihr Gully) für mich eine Art Hymne und persönliches Bekenntnis.

Nur eine Ratte kann wahrheitsgemäß über andere Ratten schreiben. Wenn das jemand anderer macht, kommt, auch beim besten Willen, zwar nicht fein, aber richtig gesagt, nur Scheiß mit Reis heraus.

Andere Fotos zeigen mich in für mich ungewohntem dunklem Anzug und bei der Entgegennahme irgendwelcher Preise oder Auszeichnungen für meine literarische Arbeit.
Auf allen ist auch meine Greti, mit dem üblichen großen Blumenstrauß für die Dichtersgattin, meist zugleich weinend und lachend, die Tränen saßen bei ihr ja immer locker und Weinen und Lachen eng beieinander, und sie war wohl auch stolz auf mich, sicher stolzer als ich selbst, weil all diese Preise und Ehrungen für mich ein bisschen spät gekommen sind.
Damit spiele ich nichts herunter, sondern variiere nur den Titel eines von Chris Lohners Büchern *Keiner liebt mich so wie ich*, wenn ich denke, dass mich keiner so kennt wie ich mich selbst. Und wenn ich auch nicht viel weiß, so weiß ich doch, wie unbedeutend ich im unübersehbaren Heer der Schriftsteller bin, freue mich natürlich in Grenzen über Preise und Orden, weiß aber auch, dass dauernd irgendwelche Preise, Orden und Titel an Leute vergeben werden, die heute berühmt und morgen so vergessen sind, als hätten sie nie gelebt.
Aber man ist ja bei uns geradezu versessen auf Ehrungen, viele tragen die dazugehörigen Rosetten oder Anstecknadeln, wie Böswillige behaupten, sogar an ihren Schlafanzügen.
Es gibt bei uns Tausende von Professoren, die diesen Titel zwar als Berufsbezeichnung, aber nur ehrenhalber führen und sich noch vor Überreichung der Urkunde bereits stapelweise neue Visitenkarten drucken lassen, damit nur ja keiner vergisst, dass er es mit einem Professor zu tun hat, wobei nicht nur die Eitelkeit, sondern auch das wenig gefestigte Selbstbewusstsein dieser Ausgezeichneten damit zu tun hat. Sie halten sich natürlich für würdig und die Auszeichnung ihrer Person angemessen, sind sich aber auf der ande-

ren Seite nicht hundertprozentig sicher, ob das stimmt, leiden in Augenblicken der Wahrheit unter ihrer Kleinheit, wissen nicht, dass sie diese mit allen Menschen gemeinsam haben, und brauchen ihre Hervorhebung aus der gesichts- und namenlosen breiten Masse, um wenigstens vor sich selbst zu bestehen.
Es sind ja die gleichen Leute, die im Fasching nicht auf gewöhnliche Bälle, sondern auf bedeutende, im Fernsehen übertragene gehen und sich sehen lassen müssen, um wegen ihrer Bedeutungslosigkeit nicht in Depressionen zu verfallen und zum Strick greifen zu müssen. Leute, die noch bedeutender als bedeutend sein wollen, gehen natürlich auf unseren weltweit im TV übertragenen Wiener Opernball, werfen dafür einen Haufen Geld zum Fenster hinaus, zwängen ihre oft fassonlos weil alt gewordenen Körper in Frack oder Abendkleid, dekorieren sich mit Schärpen und manchmal einer wahren Eisenhandlung auf der Brust, drängen sich in Logen, auf den Rängen und im Parkett, fühlen sich dabei wenigstens für Stunden wie das Fettauge auf der Suppe und den anderen Nebbochanten überlegen, kommen nicht auf die Idee, dass sie bloß Figuren in einem teuren überdimensionierten Kasperlspiel sind und an Fäden hängen, die von der Eitelkeit gezogen werden.

Dann wieder Fotos von der Jugendorganisation FÖJ, gespickt voll mit Gesichtern, die es großteils nicht mehr gibt, weil sie längst entweder von Würmern zerfressen oder von der Flamme des Krematoriums in Asche verwandelt wurden, damals aber junge und fröhliche Gesichter waren, aus denen Optimismus, Tatendrang und die Zuversicht, es den blöden alten Generationen vor ihnen, die außer Kriegen und sozialer Ungerechtigkeit nichts, aber auch schon gar nichts zu Stande gebracht hatten, zu zeigen und der Welt, wie man in Wien sagt, ein Loch zu hauen.
Es sind Aufnahmen von Sportfesten, Demonstrationen, Wanderungen durch den Wienerwald oder Badeszenen an

der Alten Donau. Von bescheidenen, aber schönen Gschnasfesten in unseren Heimen, mit Musik von einem alten, für heutige Verhältnisse riesigen Tonbandgerät, wenigen Koriandolischlangen und Konfetti aus Abfällen von Lochmaschinen, selbst gemachten belegten Brötchen, Bier, Wein und selbst komponierten Likören oder Schnäpsen, weil wir damals alle nur sehr wenig Geld, aber viel Freude am Leben und aneinander hatten.
Es gibt auch wieder ein Foto von unserem Heiratszelt, mit Erich und Hilde davor, und ich denke wieder mit einer gewissen Rührung an diese Heiratszelte und an eine meiner ersten Blitzhochzeiten mit einer gewissen Wilma, die eigentlich gar nicht zu uns gehörte, sondern von jemand ins Heim mitgenommen worden war.
Diese Wilma war keine Jugendliche mehr, für mich 15-Jährigen uralt, sicher 30, war klein, mager und eigentlich hässlich. Sie schleppte mich ins Zelt und lehrte mich drinnen den Zungenkuss, den ich noch nie gegeben und erhalten hatte, stürzte mich, wie Jahre vorher das Kainz-Annerl, in

Verwirrung und löste eine mehrwöchige, freilich hoffnungslos unglückliche Liebe in mir aus, denn zwischen uns hätte es ja nie zu etwas Ernstem kommen können.
Ich habe diese Wilma wie auch andere frühe und durchwegs unglückliche Lieben nie ganz vergessen, denn Erinnerungen leben lang, aber nach diesem Fest nie mehr wieder gesehen und auch nie erfahren, wer sie damals in unser Heim mitgebracht hatte.
Ebenfalls nicht vergessen habe ich eine Hausmeisterin aus der Gasse, in der ich früher mit meiner Mutter wohnte.
Das war, lange vor meiner Ehe mit Greti, in den frühen 50er-Jahren, eine unförmige, kulleräugige, nicht mehr junge Frau mit rachitischen, von Krampfadern durchzogenen Beinen, ihr Mann war während des Krieges entweder bei Tobolsk oder irgendwo anders in Russland gefallen. Sie hieß Rosa Spondalek, wurden von den meisten in der Gasse für eine Nymphomanin gehalten, weil sie sich oft aus den vielen Gasthäusern unseres Viertels, es gab ja an jeder Straßenecke zumindest eines, irgendeinen Mann für das, was man heute One-Night-Stand nennt, in ihre Hausmeisterwohnung holte, war resolut und ordinär, hatte ein Mundwerk, das weit und breit gefürchtet war.
Diese angeblich Männer verschlingende und Ehefrauen unglücklich machende Hausmeisterin las mich oder ich sie, ich weiß es nicht mehr genau, an einem Freitagabend, der damals für Arbeiter Zahltag war, in einem übervollen Gasthaus Ecke Reinprechtsdorfer Straße – Margaretenstraße, es hieß *Sailnberger*, auf.
Wir aßen, tranken, kamen uns dabei näher, zogen dann so lange, bis sie und ich kein Geld mehr hatten, durch alle möglichen Kaffeehäuser der Gegend, redeten und redeten, landeten schließlich, gegen drei Uhr früh, auf einer Bank im Einsiedlerpark. In uns brachen alle Dämme, wir redeten weiter, lehnten uns aneinander, tauschten aber weder Handgreiflichkeiten noch Küsse aus, sondern redeten und redeten, als hätten wir in dieser Nacht und dem anbrechenden

Morgen die letzte Gelegenheit dazu, breiteten unser Leben bis hin zu unseren Lieblingsspeisen und sexuellen Vorlieben voreinander aus, aber ich habe selten ein reineres oder, wenn man will, auch keuscheres Gespräch mit einer Frau geführt als damals mit der angeblich nymphomanischen alten Rosa, obwohl Dinge zur Sprache kamen, die jeden Beichtstuhl hätten erzittern und jeden Pfarrer schamrot werden lassen.

Natürlich belebten sich am Morgen Park und Gegend, Leute holten sich vom nahen Kuhstall – so was gab es in Margareten damals noch – eine Kanne Milch, gingen zum früh aufsperrenden Greißler oder mit ihren Hunden äußerln, jedenfalls breitete sich sofort der Tratsch über Rosa und mich aus, man wollte gesehen haben, dass wir es auf der Parkbank coram publico – die des Lateins unkundigen Tratschen sagten freilich *kora Publikum* – miteiander trieben, ich wurde als einer, der eine perverse Vorliebe für alte Weiber, die seine Mutter sein könnten, und sie als eine, die sich nicht scheute, in aller Öffentlichkeit halbe Kinder zu vergewaltigen, durch den Dreck gezogen.

Aber natürlich ebbte dieser Tratsch bald ab, es gab im Viertel ja täglich neue Sensationen zu bereden, war doch die Denunziation und Heruntermachung anderer das einzige Lebenselixier der geschlechtlich oder vom farblosen eigenen Leben unbefriedigten oder von Natur aus bösartigen Tratschen beiderlei Geschlechts, von denen es im Viertel wimmelte und die sich, wie meine Frau Kaiser im *Blues*, in Ermangelung eigener interessanter Seiten an den Angelegenheiten anderer Leute delektierten, um wenigstens etwas vom Leben zu haben.

Keiner konnte sich vorstellen, dass Rosa und ich uns und einander in dem Gefühl geöffnet hatten, dass wir beide im Grunde in Einsamkeit verlorene Menschen waren, die sich wenigstens ein Mal ohne hintergründige Absicht oder nachteilige Folgen gegenüber einem anderen aussprechen wollten. Ich habe erst Jahre später in meiner Greti wieder einen

Menschen gefunden, dem ich mich rückhaltlos preisgeben konnte und der mich verstand und so nahm, wie ich eben war.
Aber in meiner Jugend, wo ich das nötiger als ein bereits Erwachsener gebraucht hätte und noch am Suchen nach Zuneigung und Verständnis in einer mir, wie ich damals glaubte, feindlichen Welt war, habe ich so etwas weder bei meiner Mutter noch Verwandten oder Freunden, sondern bloß bei der alten abgetakelten Julie-Tant, der Hure, und der ebenfalls nicht mehr jungen Hausmeisterin Spondalek, beides trotz ihres schlechten Rufs mütterliche, erfahrene und warmherzige Frauen, gefunden.
Manche mögen das für traurig halten. Aber es war eben so. Und ich sehe es als ein großes Glück, sporadisch ein paar Menschen unter all den mich umgebenden Leuten zu finden, was schließlich nicht jedem beschieden ist.

Ein Foto zeigt meine damals vielleicht vier oder fünf Jahre alte Greti, wie sie mit ihrer Mutter in der Lobau ist.
Die Lobau war damals, in den frühen 30er-Jahren, mit ihren alten Bäumen, Sträuchern, Wiesen, kleinen und größeren Gewässern und weiten, mit feinem Sand bedeckten Flächen und vor allem vielen Tieren eine richtige Oase für die Großstädter, man konnte in den Gewässern nackt oder mit Badeanzug baden oder in der immer gegenwärtigen Donau schwimmen und den Ruderbooten, Dampfern und Schleppzügen zuwinken, war vor allem frei vom städtischen Alltag. Viele Arbeitslose verbrachten den ganzen Sommer dort, fuhren nur ein Mal pro Woche zur Unterstützungsstelle in der Thaliastraße, um ihre Arbeitslosenkarte abstempeln zu lassen und die paar Schilling Unterstützung zu kassieren und einen kostenlosen Hin-und-zurück-Straßenbahnfahrschein fürs nächste Mal zu bekommen.
Damals, in den frühen 30er-Jahren, war die Lobau ein ganz besonderes Gebiet – nicht nur für Sonnenhungrige, sondern auch für die vielen, die sie aus politischen Gründen aufsuch-

ten, um dort illegale Arbeit zu leisten und vorzubereiten, seit dem Frühjahr 1933 waren ja sowohl der sozialdemokratische Republikanische Schutzbund wie die Kommunistische Partei aufgelöst worden, ein Jahr danach erlitt die Sozialdemokratische Partei das gleiche Schicksal, wurden, wie der damalige Heimwehrführer Emil Fey ankündigte, gegenüber dem linken Mob schärfere Saiten aufgezogen, wer gegen die austrofaschistischen Regierungen Dollfuß und Schuschnigg opponierte, verlor die Arbeit, zum Teil auch die Wohnung, wenn es eine der nicht mehr roten Gemeinde Wien war, wurde eingesperrt oder landete, gemeinsam mit den ebenfalls verbotenen Nazis, im so genannten Anhaltelager im niederösterreichischen Wöllersdorf. Es war riskant, seine politische Meinung allzu deutlich zu artikulieren, und selbst die Kinder bekamen den neuen Wind zu spüren.

Wer eingeschult wurde oder die Schule bereits besuchte und nicht im Schoß irgendeiner der staatlich zugelassenen Religionsgemeinschaften war, musste getauft werden, weil es Kinder ohne religiöses Bekenntnis nicht zu geben hatte. Auch mich traf es damals, ich wurde wegen meines bevorstehenden Schuleintritts als Sechsjähriger in der Schubert-Kirche auf der Schönbrunner Straße getauft, mein Taufpate, der Schani-Onkel, stand bloß dabei, weil ich ja schon alt genug war, den damaligen Riten selbst nachzukommen und die Fragen »Willst du getauft werden?« und die damals noch übliche unsäglich alberne »Entsagst du dem Teufel?« mit einem deutlichen Ja zu beantworten, hielt auch selbst die brennende Taufkerze und konnte mit dem ganzen Brimborium nichts anfangen, weil meine Eltern weder an Gott noch seine Kirche glaubten, mich areligiös erzogen hatten, mir von dem ganzen christlichen Blimmel-Blammel nur das Christkind und der Osterhase vertraute Begriffe waren und ich weder mit dem dreieckig dargestellten allwissenden Gott noch seinem ans Kreuz genagelten Sohn und schon gar nicht mit einer gebenedeiten Jungfrau etwas anfangen konnte.

Damals durchstreiften die weitläufige Lobau immer wieder berittene Polizisten, nicht nur, um wegen politischer Delikte gesuchte Leute, sondern auch solche aufzuspüren, die nur im Verdacht standen, sie könnten solche Delikte planen, nebenbei machten die Berittenen auch Jagd auf die Nacktbader, weil Nacktbaden in unserem sittenstrengen katholischen Staat unter Strafe stand.
Dieser Staat hatte zwar wieder Standgerichte und Todesstrafe eingeführt und schickte Frauen, die aus materieller Not und bereits zu vielen unterernährten Kindern ihre Leibesfrucht von ärztlichen Pfuschern oder so genannten Engelmacherinnen abtreiben ließen, wegen dieses Verbrechens nach § 144 Strafgesetz für bis zu fünf Jahre in den Kerker, unterdrückte jedes Recht auf freie Meinungsäußerung und persönliche Freiheit, war aber so christlich, dass er das Nacktbaden offensichtlich für eine Gefährdung der Sittlichkeit und damit auch eine für Staat und Religion hielt.
Diese Zeiten sind ja nun vorbei und ich schaue mir wieder das Foto an, das die sehr füllige Mutter meiner neben ihr damals winzigen Frau zeigt.
Beide sitzen auf einer Decke und vor einem Spirituskocher, auf dem entweder Suppe oder Teewasser brodelt, die Schwiegermutter hält in der einen Hand ein Messer, in der anderen einen Brotwecken, auf der Decke stehen einige Milchflaschen und Häferln – damals war die Schwiegermutter noch keine richtige, sondern nur eine so genannte Strohwitwe, ihr Mann arbeitete saisonbedingt in einem Frisörsalon in St. Gilgen am Wolfgangsee, aber sie war trotzdem mit dem Kind nicht allein, sondern in der Gesellschaft vieler politischer Freunde, die ebenfalls in der Lobau kampierten, auch ihr besonderer, nur platonischer Liebling, Hans Hertl, war drunten, er ging ja erst Jahre später nach Spanien, um den Republikanern gegen Franco beizustehen.

Und dann suchte ich nach Fotos von diesem Hertl, ich wusste, dass sie in einer der Schuhschachteln sein mussten, fand

sie auch, schaute auf den massigen breitschultrigen Mann mit der ausgeprägten Kinnlade und den warmen Augen, der viel und nicht immer Gutes erlebt hatte, ehe er gegen Ende der 80er-Jahre an Kehlkopfkrebs starb.
Er war seit frühester Jugend Kommunist gewesen und hatte sich immer, wie es seine Art war, für seine Sache engagiert, es gab ja keine halben Sachen bei ihm, weshalb er auch im Jahr 1934 an vorderster Front gewesen und im Reumann-Hof hinter einem Karabiner gelegen war, danach Monate im Polizeigefangenenhaus verbrachte und wegen der Auflösung der Wiener Gemeindewache, der er angehört hatte, arbeitslos wurde und blieb, bis er nach Spanien und zur Internationalen Brigade ging, dort hoch dekoriert wurde, nach der Kapitulation der Republikaner und der mit ihnen kämpfenden Internationalen Brigade nach Frankreich floh, dort interniert und in der Folge an die Gestapo ausgeliefert wurde, die ihn ins KZ steckte, in dem er bis zur Befreiung im Jahr 1945 blieb.
Danach heiratete er, stellte sich, wie es sich seiner Meinung nach gehörte, der KPÖ zur Verfügung, holte in deren Auftrag die Matura nach, studierte Jus und trat in die Polizei ein, die damals viele ehemalige Nazis, die mehr als bloße Mitläufer gewesen waren, ausschied, aber noch immer genügend behielt, aber auch Leute brauchte, die bereits bewiesen hatten, dass sie Demokraten und untadelig waren, brachte es dort bis zum Polizeirat und neben seiner Wohnung zu einem kleinen Häuschen an der Alten Donau, gleich neben dem Polizeibad, ehe er, in seinem 84. Jahr, das man ihm nicht ansah, vom Krebs bezwungen wurde.
Hertl blieb immer ein Freund der Familie, er wurde von meiner Frau nie anders als Onkel Hans angesprochen und war auch mir freundschaftlich verbunden, wie er ja überhaupt einer der wenigen Menschen war, gegen die keiner ein böses oder abwertendes Wort fand. Er arbeitete, nach seiner Pensionierung, ehrenhalber im Dokumentationsarchiv des österreichischen Widerstandes mit, das von einem anderen Freund von mir begründet worden war – er hieß Herbert

Steiner und es muss unter dem Haufen Fotos auch eines geben, auf dem er bei einem Hobby-Fußballmatch in der Lobau zu sehen ist, die für uns Linke auch nach dem Krieg wieder, wie man heute sagt, in war.
Herbert war ein umfassend gebildeter Mann mit großen wissenschaftlichen Verdiensten, er hatte eine unglückliche Liebe zum Fußball, spielte, wenn es wo ein Hobbymatch gab, immer mit großer Begeisterung, aber geringem Erfolg mit, weil er zwei linke Füße hatte, die nur selten mit dem Ball in Berührung kamen, was aber seiner Begeisterung keinen Abbruch tat. Er war übrigens auch mit zwei linken Händen geschlagen, als wir beide eine Saisonkabine im Gänsehäufelbad hatten, versuchte er sich immer im so genannten Platteln, das darin besteht, dass man einen möglichst flachen Stein so gegen das Wasser wirft, dass er immer wieder über die Oberfläche hüpft und plattelt, wie wir dazu sagen. Das gelang dem Herrn Doktor und Universitätsdozenten zwar nur selten, löste jedes Mal aber eine geradezu kindische Freude in ihm aus.

Dann ein ganzer Packen von Fotos, die meine Greti durch ihre Jahre begleiten. Das Kind wird immer mehr zur Frau, wechselnde Frisuren umrahmen das runde Gesicht, das sich mit zunehmendem Alter immer mehr der Schlund-Linie annäherte, deren Mitglieder alle nicht dem Vater, sondern der Mutter wie Abziehbilder glichen.
Es sind Schnappschüsse oder auch Posen, mit ihrem ersten Mann, unserem Sohn, allen möglichen Freunden und später auch mit mir, und ich fand auch ein datiertes aus einer Polaroidkamera, das von einem Freund von uns 14 Tage vor Gretis Tod aufgenommen worden war.
Es zeigt uns zwei Alten, nebeneinander sitzend, Greti schaut ins Objektiv und ich auf sie, halte ihre Hand und habe einen Ausdruck im Gesicht, als wüsste ich, dass es unser letztes gemeinsames Foto sein würde. Aber natürlich hatte ich keine Ahnung von ihrem nahen Ende, man hat ja

nie eine Ahnung von dem, was bald eintreten wird, sondern hielt die Aufnahme für eine der vielen und außerdem für eine schlechte, weil sie ungleich belichtet war und Gretis Gesicht fast weiß, meines dagegen unnatürlich dunkel erscheint.

Auf einem anderen, schon fleckig und bräunlich gewordenen, sieht man den sehr ernst schauenden Großvater Schlund samt aufgedrehtem damals modernem Schnurrbart etwa 30-jährig mit seinem Sohn Adolf, der damals Lehrjunge war, und einem Gesellen posieren, es muss gegen Ende des 19. Jahrhunderts gewesen sein.

Carl Schlund hatte damals erst kurz die Zimmer-Küche-Kabinett-Wohnung in der Anzengrubergasse bezogen, war selbstständiger Stückmeister geworden, hatte damit das Recht, Gesellen zu nehmen und Lehrlinge auszubilden, arbeitete im Kabinett, an dessen Wänden wie auch an denen der Küche es viele, viele Käfige mit allen möglichen Vögeln und sogar einer Nachtigall gab.

Damals hatten kleine Selbstständige, die wie er in ihrer Wohnung arbeiteten, einen 12- bis 15-Sunden-Tag, kamen außer sonntags kaum ins Freie, holten sich daher die Natur in Form von Blumen und Vögeln zum Arbeitstisch, um sich nicht ganz wie eingesperrt vorzukommen. Was heute Radio, Fernsehen und Videos sind, waren damals eben Vogelstimmen, die aus fast jeder Wohnung schallten, viele Leute spielten auch Instrumente oder sangen und fast in jedem Haus hätte man ohne weiteres ein passables Schrammelquartett zusammenstellen können. Es gab ja auch immer wieder Straßenmusikanten und Werkelmänner, die, weil oft ohne Gewerbeschein, manchmal von unmusikalischen oder uneinsichtigen Polizisten gejagt wurden, die nicht verstehen konnten oder wollten, dass diese Straßenmusikanten nicht aus Liebhaberei, sondern aus drückender Not aufspielten, um sich wenigstens ein paar Groschen zu verdienen.

Meine Greti hat mir oft erzählt, dass der Großvater besonders den Schmachtfetzen *Hör mein Lied, Violetta* liebte und, als er zwar noch in der Anzengrubergassenwohnung, aber praktisch schon im Sterben lag, seinen Sohn Stefan mit einem Schilling auf die Gasse schickte, damit der unten stehende Musikant dieses Lied für ihn spielte. Laut Überlieferung war der Straßenmusikant über diesen Schilling, damals bekam man für diese Summe in Vorstadtgasthäusern ein Wiener Schnitzel mit Erdäpfelsalat, derart begeistert, dass er dieses Lied, auf der Harmonika tremolierend und mit viel Sehnsucht in der heiseren Tenorstimme, einige Male wiederholte und noch immer spielte und sang, als die Rettungsleute den Großvater aus dem Haus trugen und er sich ein Taschentuch in den Mund geschoben hatte, um seine Schmerzensschreie nur als dumpfe erstickte Laute hören zu lassen.

Aus dem Haus tragen …
Als ich knappe sieben war und mit meiner Mutter vom Einkaufen kam – mit großer Freude hielt ich eine Adolf-Hitler-Figur im Hosensack fest, die meine Mutter eben in der Spielwarenhandlung *Duchon* auf der Reinprechtsdorfer Straße gekauft hatte, die Figur war aus einer Masse, die man Elastolin nannte, und hatte einen im Schultergelenk beweglichen rechten Arm –, fanden wir meinen Vater im blutbefleckten Bett, Teile seiner zerfressenen Lunge herauswürgend.
Wir gerieten in Panik, Mutter weinte, ich lief um den Hausarzt und schrie dabei, ich höre es heute noch, immer wieder: »Mein Vater stirbt! Mein Vater stirbt!«, was niemand interessierte, kam mit dem damals noch jungen Arzt zurück, der die sofortige Einweisung meines Vaters ins Wiedner Krankenhaus veranlasste.
Die Rettung kam etwa nach einer Stunde, als mein Vater nur mehr röchelte. Man legte ihn zugedeckt auf eine Tragbahre, Mutter setzte ihm, weil es Anfang November war, sinnloserweise eine rote Pullmanmütze von ihr auf, damit er sich nicht verkühle, was bei einem Sterbenden schließlich auch keine Rolle mehr spielte.

Als wir auf der Gasse standen und Vater in den Rettungswagen verladen wurde, kam er kurz wieder zu sich, schaute mich an und sagte: »Ernsti, sei brav und folg der Mama«, dann stieg auch Mutter in den Wagen, der fuhr ab, hinterließ einige Tropfen auslaufenden Öls auf dem Pflaster, ich stand, noch immer mit der Hitler-Figur im Hosensack und von den Neugierigen begafft, die sich bei so was immer einfinden, auf der Gasse, hörte unseren damaligen Hausmeister, einen Gemütsmenschen, der Halla hieß, sagen: »Den Hinterberger sehen wir nimmer. Der schaut sich bald die Erdäpfeln von unten an«, ging in die Wohnung zurück, setzte mich zum Küchentisch, stellte die Hitler-Figur vor mich hin und hörte, vom ersten Stock herauf, den arbeitslosen Herrn Brucker auf seiner Geige spielen und dazu holprig das Lied *Du schwarzer Zigeuner, komm spiel mir was vor* singen, erfasste dann erst die Worte des Hausmeisters und begann zu weinen.
Vater war nicht lange, kaum eine Woche im Spital, dann hatte er es überstanden.
Viele Jahre später starb meine Mutter, mit der ich längst keinen Kontakt mehr hatte, ohne dass mich wer verständigt hätte. Ich erhielt erst Monate danach eine Zuschrift des Bezirksgerichts Purkersdorf nahe bei Wien, in der mir mitgeteilt wurde, dass die Frau Maria Hinterberger am 12. September 1992 in einem Seniorenheim daselbst verstorben und mein Onkel Franz, zu dem ich wie zur gesamten Familie ebenfalls kontaktlos war, das Erbe nach der Verblichenen angetreten hatte.
Warum man mich nicht einmal fragte, ob ich meinen Pflichtteil erben wollte, wundert mich zwar, spielt aber keine Rolle, weil ich mit ihr sowieso gebrochen hatte. Ich habe auch nie erfahren, wo meine Mutter begraben ist, es ist mir auch gleichgültig.
Das mag manchen herzlos erscheinen, denn irgendwo steht unter vielen Geschichtchen und Halbwahrheiten auch geschrieben, dass man Vater und Mutter ehren soll, um auf

Erden ein Wohlergehen zu haben, aber ich pfeife auf derlei Sprüche und will in dieser Nacht des Abschieds von meiner Greti und der Welt bei der Wahrheit bleiben und alles so erinnern, wie es gewesen ist. Vor sich selbst braucht man nichts zurechtzubiegen.

Meine Erinnerungen an den von mir zurückgelegten Weg, den es laut Aussage des Zen-Meisters gar nicht gibt, und der für mich fast zur Gänze von bereits Toten flankiert ist, sollen nicht mit den Lügen durchsetzt sein, die man zur Beruhigung des eigenen Gemüts erfindet.

Wenn man schon ein Resümee zieht, dann soll man bei der Wahrheit bleiben, die vielleicht das einzige Gepäckstück ist, das man sich in den Sarg mitnehmen kann.

Ein Foto, das mich mit dem Kollegen Thomas Pluch und dem Regisseur Kurt Ockermüller zeigt.

Wir sitzen in einem Kellerlokal, das einem Freund von uns, Mischa, gehörte und mittlerweile nicht mehr existiert, an einem Tisch und reden über ein seinerzeitiges Fernsehprojekt, das verlangte, dass innerhalb einer Woche ein aktuelles Ereignis besprochen, das Drehbuch geschrieben, der Film abgedreht und bereits gesendet werden musste – es war, soweit ich mich erinnere, von Kuno Knöbl erfunden worden und nannte sich logischerweise *Aktuelles Fernsehspiel*, brachte es aber nur auf drei Folgen, weil es rechtliche Bedenken dagegen gab und die vorgesehene Zeit für solide Arbeit einfach zu kurz war.

Ein guter Autor kann zwar einen vorher eingehend besprochenen 45-Minuten-Text in einem Tag und einer Nacht hinunterfetzen, aber wo finden sich adäquate Schauspieler, die alles liegen und stehen lassen, um in null Komma nichts irgendwelche Charaktere in einem Fernsehspiel darzustellen. Diese Leute leben schließlich nicht für den Augenblick, sondern haben, wenn sie gut sind, zumeist Verträge auf längere Sicht, und wenn sie, wie wir sagen, bloße Kleiderständer

und jederzeit für alles bereit sind, taugen sie nichts und kommen daher nicht in Frage.
Aber immerhin: Pluch, Ockermüller und ich schafften es, wir machten zwei akzeptable aktuelle Fernsehspiele, Pluch über die aus dem Osten gegen unser Land brandenden Asylwerber, ich eines über die Umtriebe neonazistischer Rotzbuben. Für Pluch war es die letzte Arbeit, er bekam damals den von der Zeitung *Kurier* neu geschaffenen Preis, die Goldene Romy, eine kleine Statuette, die an Romy Schneider erinnern soll.
Die Verleihung fand damals in einem großen Zelt vor dem Rathaus statt und verlief makaber: Pluch übernahm seine Romy, hielt eine Dankesrede, ging fröhlich auf seinen Platz zurück, setzte sich, lachte auf, stürzte von einer Sekunde auf die andere, wie kürzlich meine Greti, tot vom Sessel und war trotz der Anwesenheit einiger Ärzte unter dem Publikum nicht mehr zu retten.
Ich bekam für meinen *Kaisermühlen-Blues* die Romy ein Jahr danach, überlebte und gerate damit in die Gefahr, bei jüngeren Kollegen langsam unbeliebt zu werden. Ich erinnere mich, wie vor Jahren Pluch und ich auf dem Gang des ORF-Zentrums am Küniglberg standen und der damals beliebte Schauspieler und TV-Drehbuchautor Fritz Eckardt, schon an die 80, kürzlich verwitwet, selbst nicht mehr gesund und voll bei sich und nicht mehr gefragt war, aber trotzdem, weil wir ja alle nicht aufhören können, weiter schreibend, mit eingezogenem Kopf und vorgestrecktem Bauch durch den Gang wallte, von uns freundlich gegrüßt wurde und zurücklächelte, wie Thomas wartete, bis Eckardt bereits in den Aufzug gestiegen war, und dann sagte: »Weiß der Teufel, manche Leute sterben nie. Die schreiben und schreiben und nehmen uns Jungen die Arbeit weg.«
Pluch und ich waren damals nicht mehr jung, sondern bereits 50, er war ein guter Mensch und hat es sicher nicht so böse gemeint, wie es klang, aber ich habe es heute, wenn ich am Küniglberg bin und junge Kollegen treffe, noch im Ohr,

und die nächste Generation von Drehbuchautoren wird sicher nicht besonders um mich trauern, wenn sich im Krematorium die Klappen des in den Keller führenden Aufzugs über meinem Sarg schließen.

Eine alte Frau mit verquollenem Gesicht liegt in einem Spitalsbett, auf dem Nachtkästchen neben dem Bett stehen eine Flasche Mineralwasser, ein Glas und ein Plastikbehälter für die nächtliche Aufnahme der Zahnprothese.

Ich wusste erst nicht, wen ich vor mir hatte, erkannte dann aber in der Frau meine Tante Mia, eine der Nachkommen des Großvaters und Kindermachers Hinterberger und seiner ersten Frau, die zwar noch jung, aber bereits verbraucht an offener Tbc starb und den Keim dieser früher unter armen Leuten üblichen Krankheit scheinbar an alle ihre Kinder übertrug. Anna hatte Tuberkulose in den Augen, Mia in den Knochen, Emilie und Leopold, mein Vater, in der Lunge und der um viele Jahre jüngere Otti starb bereits mit fünf Jahren an, wie man das damals nannte, galoppierender Schwindsucht.

Heute gibt es bei uns im Verhältnis zu früher kaum mehr Tuberkulosekranke, man stirbt jetzt, in der Konsumgesellschaft, an Herzversagen, Krebs oder als Opfer eines Verkehrsunfalls, auch die vom Saufen rührende Leberzirrhose und neuerdings Hepatitis B, die man sich unschuldigerweise durch Verabreichung verseuchter Blutkonserven, schuldigerweise aber durch unkontrolliertes wahlloses Herumvögeln in asiatischen und afrikanischen Bordellen holt, und natürlich an AIDS, in anderen Breiten auch durch Massaker in Bürgerkriegen, Verhungern oder Naturkatastrophen – was geboren wird, muss sterben und das Wie und Warum ist dabei eine eher periphere Frage, übrig bleibt jedenfalls keiner.

Tante Mia hat kein leichtes Leben gehabt. Sie heiratete relativ jung einen Kunstgewerbler, der sich mit der Anfertigung von allerhand billigen Broschen und Ansteckern aus den da-

mals üblichen Kunststoffen, seltener aus Glas oder Metall, durchs Leben schlug, später, als im Frühjahr 1938 bei uns die Nazis an die Macht kamen, auch ein paar Wochen eine große Zeit hatte, weil er die gefragten Abzeichen der NSDAP, die aus emailliertem Metall und nur gegen Vorweis der Mitgliedskarte erhältlich waren, auf den ersten Blick sehr ähnlich, aber aus Kunststoff gefertigt, nachmachte, was ihm bald darauf amtlicherseits streng verboten wurde.
Er verlegte sich dann auf die Herstellung weniger gefragter blecherner germanischer Runen und so genannter Westwallringe, die von Nazi-Fanatikern, die ihre goldenen Ringe dem Führer und seinem Krieg gespendet hatten, getragen wurden und aus über der Flamme angelaufenem dünnem Draht bestanden, den man in mehreren Schichten zur Ringform gerollt hatte.

In unserem Haus in der Kohlgasse gab es lediglich ein paar so genannte Mitläufer und nur ein echtes Naziweib, das schon seit 1936 illegal in der Partei war und außer ihrem echten Parteiabzeichen auch einen solchen Westwallring trug, die sporadischen im Rundfunk gesendeten Hitler-Reden jedem, der sich das anhörte, interpretierte und mit eigenen Kommentaren ausschmückte, sich bei den oftmaligen Geldsammlungen für das Winterhilfswerk und bei denen von warmer Kleidung für unsere, in der eisigen Kälte Russlands erfrierenden tapferen Soldaten hervortat und mich in einer der Nationalpolitischen Erziehungsanstalten, NAPOLA, unterbringen wollte, in denen die künftige Elite Großdeutschlands und die Massen der nach dem Endsieg und Erlangen der Herrschaft über zumindest drei Viertel der Welt notwendigen Statthalter und sonstigen Funktionäre herangezogen wurde, wozu es aber nicht kam, weil ich erstens lernfaul war und außer in Deutsch miserable Noten hatte, aber auch, weil sich meine Mutter quer legte und nicht wollte, dass man aus ihrem Buben einen Nazi machte.
Was sie allerdings nicht verhindern konnte, war, dass ich zu-

erst ein begeisterter *Pimpf* war, wie man die 10- bis 14-jährigen Angehörigen des Deutschen Jungvolks nannte, und später ein ebenso begeisterter Hitlerjunge wurde mit dem Recht, am Arm eine Hakenkreuzbinde zu tragen – mit knapp 13, weil die regulären 14- bis 18-jährigen Hitlerjungen schon ab 17, und als der Endsieg in die Ferne, die vorrückende Rote Armee und die anderen alliierten Streitkräfte bedrohlich nahe gekommen waren, an die Front mussten und der Mitgliederstand der Hitlerjugend so absank, dass man ihn mit Kindern aus dem Jungvolk halbwegs ergänzen musste.
Ich war damals ein dummer, durch Nazilektüre und -propaganda aufgeputschter Bub, der in Wirklichkeit vom unmenschlichen größenwahnsinnigen Wesen des Führers und größten Feldherrn aller Zeiten, Adolf Hitler, keinen Dunst hatte und bloß das nachplapperte, was ihm von den Erwachsenen eingetrichtert wurde, schwenkte 1945 aus den gleichen Gründen und weil damals ja fast alle aus opportunistischen Erwägungen heraus zumindest für ein paar Wochen Kommunisten waren, zu dieser Einstellung über, hatte vom Kommunismus wie überhaupt von allen Ismen keine Ahnung, unterschied mich dadurch in keiner Weise von den vielen, ja meisten überall mitlaufenden Erwachsenen, die ja hinter allem her sind, wovon sie sich persönliche Vorteile erhoffen.
Die meisten unserer bereits sehr alten Leute gleichen ja bis auf kleine variierende Details Helmut Qualtingers *Herrn Karl*, der im Grunde ja auch nichts gegen die Juden hatte, aber, weil er das Glück hatte, keiner, sondern Arier zu sein und es, wie wir Wiener sagen, *halt eine Hetz* war, die Juden aus seinem Haus zuerst zum demütigenden Straßenreinigen mit Zahnbürsten führte und später wie die berühmten drei Affen nichts gehört, nichts gesehen, nichts darüber reden und keinesfalls gewusst haben wollte, dass man die Juden bei uns zuerst in Halbghettos im 2. Bezirk zusammenpferchte und dann zwecks Ausrottung rassenfremden Blutes in diversen KZ-Vernichtungslagern ermordete.

Ich glaube seit langem, dass man die Politik zwar aufmerksam verfolgen und bei allfälligen Wahlen seiner Überzeugung gemäß stimmen soll, halte aber nichts von einer Mitgliedschaft in einer Partei, selbst einer demokratischen nicht, weil diese alle in der Hauptsache nur auf Erlangung und Erhaltung der Macht bedacht sind, und wenn es sein muss, sogar bereit sind, mit Leuten zu koalieren, die wirklich das Letzte vom Letzten sind, ihre Programme immer wieder umschreiben, wie gewaschene Wäsche zum Trocknen nach dem Wind hängen, um sie danach wieder zu korrigieren.
Das Gleiche gilt für die Religionen, die ja auch um Massen buhlen und geradezu pervertieren, um sich denen anzupassen und dadurch ja mehr Mitglieder und damit Macht zu bekommen. Und obgleich ich praktizierender und überzeugter Buddhist bin, muss ich die Vertreter dieser Religion in diese negative Beurteilung mit einschließen, hüte mich, der jetzt ja anerkannten Buddhistischen Religionsgemeinschaft beizutreten, schließlich war der Buddha Siddharta Gautama ja auch nirgends Mitglied und trotzdem, oder sicher gerade deswegen, im Besitz der Wahrheit.
Es gibt bei uns drei Gelübde: Zuflucht zum Buddha, zu seiner Lehre des Mittleren Weges und zu seinem Orden – das Letztere habe ich weggelassen, seit ich einige führende Mönche kennen gelernt und erkannt habe, dass auch die nur mit Wasser kochen und jedenfalls nicht für mich denken können, weshalb ich, wie es in Pali, der Sprache Buddhas heißt, zum *Pacceka*, zum Einzelgänger geworden und bisher damit gut unterwegs bin.

Wieder ein kleiner Berg von Fotos unseres Sommerhauses in Klosterneuburg, das meine Greti so sehr liebte, aber leider nur fünf Jahre zu genießen vermochte. Ich sehe auf ihnen Rabatten mit allen möglichen Blumen, deren Namen ich meistens nicht kenne, dann die von unserem Edi mit viel Sachkenntnis und Liebe zum Detail neu ausgestatteten Innenräume, weil das Haus beim Kauf ja praktisch hinter einer soliden Fassade bloß Ruine war, sehe den hübschen, mit einem Pfauenmuster ausgestatteten Vorhang vor dem großen Dreifachfenster im Wohnraum, erinnere mich an die bereits im Februar ausbrechende Vorfreude Gretis auf die warme Jahreszeit, die wir im Sommerhaus verbringen würden, sie wühlte in Katalogen von Großgärtnereien, konnte sich nur schwer entscheiden, lebte dann im Sommer richtiggehend auf, weil wir nicht mehr am lauten und stinkenden Margaretengürtel, sondern draußen in der Natur lebten, frühmorgens von Vogelstimmen geweckt und von deren Abendgesang eingeschläfert wurden, die Bäume unter Windstößen rauschen und bei Regen die Tropfen gegen die Fenster prallen hörten, Geräusche, die es am verkehrslauten Gürtel längst nicht mehr gibt, weil man nur das Blubbern oder Knattern von Motoren und die Hörner der diversen Einsatzfahrzeuge hört, die kaum durch den allzu starken Verkehr durchkommen.

Die Hörner der Einsatzfahrzeuge …
Es ist noch Nacht und eine der wenigen Stunden, in denen es am Gürtel verhältnismäßig ruhig ist, aber ich höre in mir überdeutlich das Horn des Rettungswagens, der Greti ins Evangelische Krankenhaus brachte, dabei über die verschiedennamigen Stücke des gleichen Gürtels fuhr und wegen des fast eingetretenen Verkehrsstillstands dauernd auf sich aufmerksam machen musste – sehe sie mit trüb verschwimmenden Augen und kalkweißem Gesicht angeschnallt im fixierten Tragstuhl sitzen und mich hilflos anschauen, denke mir jetzt, dass ihr Hinterwandinfarkt am folgenden Tag zwar auch für sie unerwartet kam, sie aber vielleicht doch so etwas wie eine Ahnung hatte, dass diese Autofahrt ihre letzte sein würde.
Greti hatte den gleichen hilfeheischenden Blick, als sie nach der Einlieferung, bereits im Nachthemd, im Spitalsbett lag und sie der Arzt fragte, welche Medikamente sie regelmäßig

einnehme, und sie das trotz jahrelangen Gebrauchs plötzlich nicht mehr wusste; sie schaute mich in der gleichen Art wie im Rettungswagen, heute denke ich: Abschied nehmend an, als ich dem Arzt Auskunft geben musste.
Es kommt mir jetzt auch gar nicht mehr so weit hergeholt vor, wenn mein Sohn glaubt, Greti hatte diese Ahnung schon vorher, etwa zwei Monate vor ihrem Tod, als sie darauf bestand, mir einen neuen schwarzen Anzug zu kaufen, damit ich bei feierlichen Anlässen entsprechend gekleidet sei, wobei ich natürlich annahm, sie dächte dabei an eine Ehrung für mein Schreiben.

So weit gekommen, muss ich eine Pause einlegen.
Ich kann nicht nach dem nächsten und ebenso belanglosen Foto wie die vorhergehenden greifen, mich überschwemmt eine grenzenlose Trauer wegen des Verlustes, meine Augen verschwimmen und ich fühle mich grenzenlos allein in einer Welt, die nicht mehr die meine ist und nicht mehr die meine sein kann, weil es in ihr keine Greti, sondern nur ein Gewimmel von Leuten gibt, die mir nichts sagen.
Natürlich, es gibt noch den Sohn, die Enkelin und ein Dutzend wirkliche Freunde, aber die können mir, obgleich nach Kräften bemüht, nicht über meine Einsamkeit hinweghelfen – und wieder fühle ich mich wie Rilkes Panther, dem vor tausend Stäben die Welt abhanden gekommen ist, nur dass ich vor mir keine Stäbe, sondern die Front der Häuser auf der gegenüberliegenden Meidlinger Seite des Gürtels sehe, von denen alle Fenster dunkel und nur eines im vierten Stock erleuchtet ist – vielleicht sitzt auch dahinter ein Mensch, der versucht, in die Trümmer seiner Vergangenheit eine gewisse Ordnung zu bringen, ehe er sie der Müllhalde des Vergessens überantwortet, es gibt ja viele Einsame in einer Großstadt. Man kann in ihr geboren werden, leben und sterben, ohne dass jemand Notiz von einem nimmt, es gibt einfach zu viele Menschen, von denen jeder mit sich selbst und seinen Problemen beschäftigt ist und sich kaum um den

Nachbarn kümmern kann. Großstädte sind ja ein Moloch, der immer hungrig und gefühllos Hekatomben verschlingt.

Ein Foto, das Fritzl Weissenböck, unseren seinerzeitigen FÖJ-Bundesleiter, im ebenfalls seinerzeitigen FÖJ-Bad am Dampfschiffhaufen in Kaisermühlen zeigt, wie er Gitarre spielt und offensichtlich dazu singt. Er war neben meinem Freund Landauer der jüngste Spanienkämpfer in den Internationalen Brigaden, kam gemeinsam mit diesem ins KZ Dachau – aber ihm gelang es, zu fliehen und bis zur Befreiung in Deutschland und Österreich als so genanntes U-Boot zu leben, er war überzeugter Kommunist, stellte sich sofort seiner Partei zur Verfügung und wurde von dieser als Leiter der Freien Jugend bestimmt, was ein Glücksgriff war, denn Fritzl hatte die Begabung, sich jedes auch noch so unbedeutende Gesicht und jeden Vornamen zu merken, was einem das Gefühl gab, ein echter Freund von ihm zu sein.
Fritzl hatte, im Gegensatz zu den anderen zwar redebegabten, aber farblosen KPÖ-Politikern, das Zeug zum echten Volkstribunen in sich, er redete nicht nur um des Redens und der Rhetorik willen, sondern aus vollem Herzen, hatte den für den Umgang mit Massen unumgänglichen Schmäh drauf, war immer gut gelaunt und hätte der österreichischen Kommunistischen Partei sicher einen besseren Platz verschaffen können. Er kam aber leider, ich glaube während der Wahlen des Jahres 1949, durch einen Verkehrsunfall ums Leben, war begeisterter Motorradfahrer, brauste mit seiner Puch 125 kreuz und quer durch Wien, hielt aus dem Stegreif zündende Wahlreden, übersah auf einer Kreuzung in Meidling infolge Übermüdung, er war in der Nacht vorher plakatieren gewesen, einen Pkw, der Vorrang hatte, donnerte seitlich voll in ihn hinein, überschlug sich mehrmals, lebte zwar noch, starb aber während der Fahrt ins Unfallspital im Rettungswagen an einem Schädelbruch.
Meine Frau und ich dachten oft an Fritzl und besonders ich bin davon überzeugt, dass er der geborene Parteiführer ge-

wesen wäre, massenhaft Wählerstimmen erhalten hätte und dass unter seiner Führung die Kommunisten nicht bis zur völligen Bedeutungslosigkeit abgesunken wären.
Als Fritzl starb, hinterließ er eine Frau, sie hieß Margit, und und einen Sohn im Babyalter. Er liegt im Urnenhain begraben und Greti und ich zündeten jedes Mal, wenn wir den Friedhof besuchten, für unseren Fritzl eine Kerze an. Seine Frau starb, die wie ich Margaretnerin war, mit kaum 50, an einem Krebsleiden und sein Sohn, der mittlerweile erwachsene Fritzl, nahm sich, wie ich hörte, vor ein paar Jahren das Leben.

Ebenfalls das Leben nahm sich unsere Freundin Elvira, die auf einem der Jugendfotos drauf sein muss. Sie war damals 16 und ein hübsches blondes, immer lustiges Mädchen, das ein bisschen unter ihrem allein erziehenden Vater litt, der ein sehr strenger Mann und immer der irrigen Meinung war, in unserem Jugendheim verkehrten nur Flittchen, sodass auch seine Elvira eines Tages eines werden würde – er verbot ihr das Tragen des damals modernen Petticoat und auch die sparsamste Verwendung eines Lippenstiftes, schaute auch darauf, dass sie spätestens um 21 Uhr zuhaus war, konnte aber trotzdem nicht verhindern, dass sie sich eines Nachts im Gang-WC ihres Wohnhauses mit Zyankali vergiftete.
Damals waren die Zeitungen voll von dem Selbstmord Elviras, es gab Schlagzeilen wie *Der Tod roch nach Mandeln*, weil Cyansäure einen schwachen Mandelduft verströmt, wurden von den sensationsgeilen Journalisten allerhand Theorien aufgestellt, von woher Elvira das Zyankali hatte und warum sie sich das Leben genommen hatte, tatsächlich wurde weder das eine noch das andere je aufgeklärt, sie starb jedenfalls als Jungfrau, denn wie der gerichtliche Obduktionsbefund festhielt, war sie nicht defloriert gewesen.

Ich hätte noch Berge von Fotos aus wer weiß wie vielen Jah-

ren durchzusehen, habe aber keine Lust mehr dazu, schließlich sind Fotos nur Papier mit glänzender oder matter, schwarzweißer oder färbiger Oberfläche, die bloß einen Moment und Splitter eines Lebens festgehalten haben, der über dessen übrigen Verlauf wenig oder gar nichts aussagt.
Man sieht zwar, wenn man die zu verschiedenen Zeiten aufgenommenen Fotos von einem Menschen nebeneinander legt, welche Arbeit die Jahre an ihm getan und ins Gesicht gegraben haben, aber das Dahinter, das Wesentliche fehlt und muss fehlen, weil man von einem Objektiv eben nur erwarten kann, dass es das von ihm Gesehene wiedergibt. Aber der Mensch und dessen Leben ist mehr als das bloße Festfrieren eines Bewegungsablaufs für den Bruchteil einer Sekunde, viel mehr.
Der Mensch und sein Leben sind wie eine Landkarte oder ein Stadtplan mit vielen Eintragungen und Richtungshinweisen, die wahrscheinlich schon im Mutterleib einsetzen und bis zum Tod fortwährend ergänzt werden, für fremde Augen nichts als ein Gewirr von Linien, deren manche sich von Fixpunkt zu Fixpunkt ziehen, während andere scheinbar abrupt irgendwo enden und nirgends hinführen, eine komplexe Karte mit Haupt- und Nebenwegen, verschiedenfärbigen Markierungen, durchzogen von mehreren scheinbar voneinander unabhängigen, aber trotzdem unlösbar verbundenen Koordinatensystemen und Tangenten, die einen erkennen ließen, dass dem auf solche Weise Observierten gewisse Wege zwingend vorgeschrieben waren, wieder andere zwar möglich gewesen wären, aber nicht begangen wurden, weil er, unwissend und unbelehrbar, immer wieder in Sackgassen oder an unerkannte Wegkreuzungen geriet, Tausende von leeren Kilometern, aber oft nicht die zwei oder drei Schritte machte, die ihn in die erwünschte Richtung gebracht hätten, es gibt Einbahnstraßen, bei denen es, so scheint es, darauf ankommt, auf welcher Straßenseite man geht, um zu scheitern oder vorwärts zu kommen, wenig später erkennt man anhand des jeweiligen Koordinatensystems, dass es, egal,

welche Straßenseite gewählt wurde, sowieso nur ein Weg ins Scheitern gewesen ist, es gibt ja keine Alternative zwischen Scheitern und Vorwärtskommen, schon die erste männliche Samenzelle, die die Gebärmutter erreicht und das Ei befruchtet, ist zwar der Beginn eines neuen Lebewesens, aber zugleich auch der Auftakt zu dessen Scheitern, weil die Welt ein einziger Scherbenhaufen ist, nichts weiter, und der erste Schrei eines Neugeborenen schon den letzten vor dem Tod ankündigt, weil sich die Schlinge des Henkers, auch wenn sie erst nach Jahren zugezogen wird, bereits beim Auftauchen des Kopfes aus der mütterlichen Scheide um den Hals des neuen Menschen legt, der bereits ohne Anhörung und Beweisaufnahme zum Tod verurteilt ist.
Der Islam versucht uns zu lehren, dass es bei Allah ein großes Buch gibt, in dem der Weg jedes Menschen vom Anbeginn bis zu dessen Tod bereits festgeschrieben ist. Buddha meinte, den Grund und Verlauf eines Lebens in dessen Karma entdeckt zu haben, das wiederum eine der Stufen im nur durch Erleuchtung zu durchbrechenden zwölfgliedrigen System der Bedingten Entstehung ist. Daneben gibt es noch eine Fülle anderer Denksysteme, die Lexika füllen und Welt und Leben zu durchschauen glauben, aber nur Gedankenspiele und ein Erwägen möglicher oder unmöglicher Möglichkeiten und Irrfahrten durch einen Bereich sind, von dem keiner weiß, ob er kosmisch oder chaotisch ist, Versuche, Unerklärbares zu erklären oder es wenigstens ahnen zu lassen.
Aber in Wahrheit sind es bloß Träume und Träume von Träumen, aus denen es kein Erwachen gibt, es sei denn in eine jeder Beschreibung spottende ungeheure Leere, in der jedes Denken und Träumen aufgehoben ist.

Langsam bricht der Tag an, ich schiebe die Fotos als Müll endgültig weg, halte aber noch immer Totenwache für eine Frau, die es nicht mehr gibt, weil deren Körper zu Asche zerfallen und in einer Urne unter dem kleinen Grabhügel liegt, über den sich ein grauer Grabstein mit neun Namen und hinzugesetzten Lebensdaten erhebt, der bald auch die Inschrift Margarete Hinterberger 13. 7. 1928–20. 12. 2001, und irgendwann auch die Gravur meines Namens und meiner Daten enthalten wird.

Jahre des Werdens, Jahre der Wahne, sagt Gottfried Benn – aber es sind auch die Jahre des Alters bloß Jahre der Wahne, das vergaß Benn hinzuzufügen.
Vielleicht, weil er es nicht oder doch wusste und sich nur scheute es hinzuschreiben, was wir alle uns nicht eingestehen wollen, dass alles, was der Mensch tut oder lässt, im Grunde völlig bedeutungslos ist.

Ein aufkommender eisiger Wind rüttelt an den Fenstern meiner Wohnung, die Fenster in den gegenüberliegenden Häusern des Gürtels erhellen sich mehr und mehr, die Außentemperatur beträgt minus 8 Grad, es beginnt erst leicht, dann stärker zu schneien, bald treibt der Wind dünne Schneewolken vor sich her und ich sitze immer noch da, habe mich zwar von den vielen Fotos losgerissen, vermag das Gleiche aber nicht von meiner und Gretis Vergangenheit zu tun, sondern ertrinke in einem Strom von Bildern, von denen es heißt, sie suchten jeden in der kurzen Zeitspanne heim, die zwischen Leben und Tod liegt, wonach sie ein für alle Mal zu Ende sind.
Ich habe aber nicht das Gefühl, schon zu sterben, die Glocke, die einmal meinen Abgang begleiten wird, ist zwar schon gegossen, läutet aber noch nicht, zumindest noch nicht für mich. Ich muss weiterhin versuchen, mit den dahinrasenden scheinbar unzusammenhängenden, in Wahrheit aber untrennbar miteinander verbundenen und mich bedrängenden Bildern fertig zu werden, um durch sie vielleicht einen flüchtigen Blick auf den mit nur für mich zu erkennenden Zeichen bedeckten Plan werfen zu können, der mein Leben darstellt.

Jeder versteht unter Glück etwas anderes.
Ich weiß zwar, dass Glück und Unglück bloß verschiedene Bezeichnungen für gefühlsbedingte Phänomene sind, eines der vielen Gegensatzpaare, die, wie Nacht und Tag, einander bedingen, und bin jetzt eben auf die eine Seite einer Münze fixiert, ohne deren andere zu sehen, meine aber doch, dass Glück für mich der Moment war, als nach der jahrelangen Bekanntschaft, die mich mit meiner Frau und Dutzenden anderen seit der Jugendzeit verband, zwischen uns beiden eine Liebe aufblühte, die eine Zäsur in meinem bisherigen Leben bedeutete.
Ich hatte schon vor meiner Entlassung aus dem Polizeidienst mehr oder weniger dahingelebt und mir genommen, was greifbar war, aber danach jeden Halt verloren, sah und musste mich ja als den geborenen Verlierer sehen, der bei allem, was er anpackte, nicht zum Ziel kam, sodass es egal war, was ich machte oder ließ, weil alles bloß ein schmieriger Brei war, der mich irgendwohin mitzog.
Dieses Verlierer-Bewusstsein verfolgte mich seit der Lehrzeit auf Schritt und Tritt.
Ich machte zwar mit gutem Erfolg die Gesellenprüfung, wurde aber gleich danach arbeitslos, weil viele Heimkehrer aus der Kriegsgefangenschaft eintrafen und schon aus dem Grund bevorzugt wurden. Ich musste schließlich froh sein, ohne Aussicht auf Verbesserung als Hilfsarbeiter in der Fabrik unterzukommen und tonnenweise Eisenstangen zu schleppen, was eine Tätigkeit war, die einen zwar körperlich, aber geistig überhaupt nicht hernahm und ohne weiteres auch von einem halbwegs trainierten Affen hätte ausgeführt werden können, zudem auch noch miserabel bezahlt.
Dann scheiterte ich trotz aller Anstrengungen in der Polizeischule, weil ich plötzlich eine Brille tragen musste, was mir unter Nichtfreunden den Spitznamen *Glasscherbenpongo* eintrug.
Natürlich sagte mir das keiner ins Gesicht, denn ich war damals gut in Form und hätte ohne weiteres mit den Fäusten

dafür gesorgt, dass man mich beim richtigen Namen nannte. Gleichviel, ich fühlte mich damals nicht nur, sondern war auch unten durch, sogar bei meiner Mutter und ein paar Verwandten, die der Meinung waren, die Polizeischule hätte mich nicht gefreut, weil mich ja überhaupt nichts freue, was mit Arbeit zusammenhing, und ich hätte mir die Brille bloß aus dem Grund zugelegt, um meinen Abgang aus dem Staatsdienst zu kaschieren und mich weiterhin bloß herumzutreiben.

Fazit war, dass ich richtig zu saufen begann, fast täglich betrunken ins Bett ging, hauptsächlich Bücher über Leute las, die am Leben gescheitert und dem Trunk ergeben ihrem Ende entgegentaumelten, diese Leute, weil mir ja keine anderen erreichbar schienen, als Vorbilder nahm und immer mehr abglitt. Dazu kam, dass ich mich, um vielleicht darin eine Erklärung für mein dauerndes Scheitern zu finden, vordergründig und das meiste nicht verstehend mit Philosophie befasste und die damals modernen Existenzialisten liebte, deren Aussage mich faszinierte, es gäbe im Grunde nichts, das einen moralischen Lebenswandel rechtfertigen würde, weil der Mensch als Geworfener in einer Welt sei, in der es ohne Bedeutung war, welche Handlungen einer setzte, solange er von ihnen überzeugt war.

Einer Welt, in der alles gleich nichtig, verschwommen und unkontrollierbar nebeneinander bestand, ein, wie ich glaubte, Zustand, gegen den das Chaos eine fast geordnete Angelegenheit darstellte, weil es außer dem geworfenen Menschen nichts Übergeordnetes, sondern bloß das Nichts gab, was mir, dem dauernd Besoffenen, natürlich entgegenkam, weil ja sowieso alles wurscht war.

Dann las ich Bücher über asiatische Gedankengebäude, deren Inhalt ich damals genauso wenig wie den Existenzialismus und andere Ismen verstand, soff zwar weiter, verlor mich aber zugleich in den uferlosen Bereich des Hinduismus, in dem ich zu ertrinken drohte, suchte Halt bei Laotse, den ich erst recht nicht verstand, begann buddhistische

Texte zu lesen und Meditationsversuche zu machen – aber wenn ich damals nicht mit meiner Greti zusammengekommen wäre, hätte ich weder mein derzeitiges Alter erreicht noch die inzwischen vielen tausend Seiten zusammengeschrieben, die teils in Buchform, teils in Rundfunk und Fernsehen an die Öffentlichkeit kamen. Jedenfalls hörte ich fast schlagartig mit dem Trinken auf, weil ich durch das Zusammensein mit einem anderen Menschen erst wirklich zu leben begann und keinen falschen Tröster mehr brauchte.
Greti und ich waren also zusammen und glücklich, einander gefunden zu haben, merkten aber bald, dass wir dadurch in eine Isolation gerieten.
Meine Mutter konnte sich nicht mit dem Gedanken anfreunden, dass ihr sowieso mehr oder weniger unbeachteter Sohn plötzlich mit einer noch Verheirateten ein Verhältnis hatte. Und die bisherigen Freunde aus unserem mittlerweile privaten Jugendheim richteten sofort eine zwar durchsichtige, aber unübersteigbare Wand zwischen sich und uns beiden auf, denn wir hatten in ihren Augen geradezu ein Sakrileg begangen – Gretis damaliger Mann war ja einer der unbestrittenen Führer der Gemeinschaft, die zwar nichts mehr mit einem Zusammenfinden von Jugendlichen zu tun hatte, aber immer noch bestand, weil sich alle an diese Fiktion klammerten, nicht erwachsen werden, sondern die Jahre der Jugend für immer einfrieren und die Zeit anhalten wollten, obgleich das lächerlich und undurchführbar war.
Fast keiner von den bisherigen Freunden konnte oder wollte verstehen, wie sich die Frau des Großen Meisters erfrechen konnte, diesen zu verlassen und sich mit einem Nichts wie mir einzulassen.
Dass die Ehe zwischen den beiden längst keine mehr war, wussten sie ja nicht, weil der Große Meister immer den Eindruck zu erwecken vermochte, ein guter Bursch und noch besserer Ehemann zu sein. Dass er, wie man sagt, nichts anbrennen ließ und hin und wieder auch anderen Frauen hatte, war für die Freunde tolerabel, schließlich war er ein

Mann, bereits zehn Jahre verheiratet und hatte daher mehr oder weniger das Recht, sich nicht nur im Ehebett zu vergnügen, außerdem kam es ja in diesem Kreis immer wieder vor, dass, immer unter der Prämisse, dass es ja nichts Ernstes sei, das Bäumchen-wechsle-dich-Spiel gespielt wurde, weil wir ja alle gute Freunde waren und es ein Schwachsinn gewesen wäre, gute Gelegenheiten nicht auszunützen – es gab damals ja noch keine Swinger Clubs, also waren wir auf Abenteuer unter uns angewiesen, und wer sich Schlechtes dabei dachte oder sich ausschloss, war eben verkrampft, langweilig, prüde oder frigid, mit einem Wort ein Arschloch. Es gab viel, zu vieles, was in dieser Gemeinschaft zu alt gewordener Jugendlicher toleriert wurde und toleriert werden musste, weil sie ja schließlich, im eigenen Interesse jedes Einzelnen, nicht auseinander brechen durfte.

Keiner hätte etwas dagegen gehabt, wenn Greti und ich nur miteinander ins Bett gegangen wären, sonst aber alles beim Alten gelassen hätten. Intolerabel war, dass die Frau des Großen die Scheidung einreichte, diese auch durchbrachte und mich zu sich in die ihr gehörende Wohnung und in ihr Leben nahm.

Diese gegen unsere selbst gebastelte Konvention verstoßende Handlungsweise konnte nur eine Folge, nämlich Ausstoßung und Ächtung, haben. Greti und ich wurden zu Unpersonen erklärt und es hat, glaube ich, nicht viel gefehlt und unsere ehemaligen Freunde hätten diese Verstoßung aus dem Mutterschoß genau so dramatisch vorgenommen, wie sie uns Richard Burton im Film *Becket* vorführte, als er als Erzbischof von Canterbury seinen ehemaligen Freund, den König Heinrich, unter großer Assistenz und mit zum Erlöschen gebrachten Kerzen aus dem allein selig machenden Schoß der Kirche ausstieß.

Wirksam war sie in den Augen der ehemaligen Freunde aber auch so, ohne Brimborium und große Worte. Wirksam aber auch für uns zwei, denn sie brachte mit sich, dass wir uns enger als üblich aneinander anschlossen und nicht mehr mit anderen, sondern füreinander lebten, was auch den damals noch kleinen Sohn meiner Frau betraf.

Langsam begann sich aber auch eine Kluft zwischen mir und meinen damaligen Kollegen aus der Fabrik aufzutun.
Ich begann zu schreiben, erst, wie fast jeder Anfänger, Gedichte, dann Prosa und Dramatisches. Die Gedichte wurden ins Japanische übersetzt und erschienen nie auf Deutsch, mit Prosa und Dramatischem hatte ich erste bescheidene Erfolge. Von einer Arbeit für das Fernsehen war damals ja noch keine Rede, erstens gab es dieses Medium nur in Rudimenten und zweitens dachte und konnte ich wegen meiner relativen Erfolglosigkeit nicht daran denken, Drehbücher zu schreiben, wusste auch nicht, wie man so was macht. Ich veröffentlichte einige Romane, deren Verkaufszahlen sich aber in Grenzen hielten, mehr Publikum gewann ich erst durch meine Hörspiele – aber ob keinen oder mäßigen Erfolg, ich schrieb, war geistig nicht mehr der Ernstl, der ich bisher gewesen war, wurde immer mehr zu einem Fremden, für den das Fabriksleben nicht das wirkliche, sondern nur eine Gelegenheit zum Geldverdienen war.
Das merkten die Kollegen, sie suchten immer weniger Kontakte zu mir, weil ich nicht mehr bei jedem auch noch so dummen Spaß dabei war und auch nicht mehr mit ihnen saufen ging, man mit mir nichts Vernünftiges mehr reden konnte – und in Literaturkeisen und bei den meisten meiner neuen so genannten Kollegen kam ich wegen meiner Herkunft, Redeweise und Ansichten nicht an, sie hielten mich für einen Strizzi oder Proleten, jedenfalls für einen, der von ganz unten, wenn nicht vielleicht überhaupt aus der Gosse kam, groben Dialekt und nicht die unter Intellektuellen übliche Hochsprache sprach, weder die Mittelschule absolviert noch zumindest, wie die meisten, einige Semester wenn auch erfolglos studiert hatte, sondern bloß Hilfsarbeiter in einer Fabrik und im Vergleich zu ihnen nichts als ein *Rinnsaldampfer* war, der nicht von einem Elfenbeinturm, sondern

von einem Gully aus die Welt und ihre Menschen betrachtete und beschrieb.
Heute hat man diese Meinung über mich und meine Arbeiten teilweise geändert, meine Bücher werden gelesen und ich habe unter den Fernsehkonsumenten viele Anhänger, vielleicht sogar Verehrer – aber für die Hohenpriester der Literatur, unter denen es nicht wenige geistige Schmalspurwichser gibt, bin ich nur ein Trivialschreiber, man lässt mich bei den meisten Veranstaltungen links liegen, weil ihrer Ansicht nach ein Autor, der gern und erfolgreich für das Fernsehen schreibt, mehr oder weniger eine Prostituierte ist, die sich nach der Brieftasche und den Wünschen ihrer Kunden richtet, aus dem Grund kommen reine Drehbuchautoren in Literaturgeschichten nicht vor, aber das macht mir heute nichts mehr aus, im Gegenteil.
Darum habe ich mich anlässlich der vom ORF ausgerichteten Feier meines 70. Geburtstages, die meine Greti noch miterleben durfte, zum Gaudium der Anwesenden als die älteste Hure des Fernsehens und die Intendantin Kathrin Zechner, mit der mich eine Freundschaft verbindet, als meine Puffmutter erklärt, was für Lachstürme und Beifall sorgte.
Und wenn dieser Standpunkt meinen feineren Kollegen oder einem noch feineren Kritiker nicht passt, kann der mich in aller Freundschaft am Arsch lecken.
Das habe ich zwar nicht öffentlich gesagt, denke es aber. Mir genügen meine guten Einschaltziffern und ich brauche mich weder am blamablen Klagenfurter Wettlesen um den Bachmann-Preis noch an den Rauriser oder sonstigen Literaturtagen zu beteiligen, um eine Ehrenprofessur oder Geldpreise zu ergattern, die kaum mehr als bessere Trinkgelder sind.

Jedenfalls waren die ersten Jahre unseres Zusammenseins bei aller Liebe nicht leicht.
Ich hatte zwar, erst in der Fabrik und dann in der Bibliothek

des Volksheims Ottakring, eine sichere, aber schlecht bezahlte Arbeit, meine Schreiberei brachte noch nicht viel ein, und Greti war zwar gelernte Frisörin, aber wie ich durch zeitlich bedingte Ereignisse aus der Bahn geworfen worden, sie hatte wechselnde Stellen als Hilfskraft, verdiente ebenfalls wenig und erst dann ungleich mehr als ich, als sie in den heute nicht mehr existierenden *Konsum* kam und dort bis zur Filialleiterin aufstieg.

Es waren aber Jahre, in denen wir uns noch enger als bisher aneinander schlossen und es waren, aus der Rückschau betrachtet, vielleicht unsere schönsten. Wir hatten eine Saisonkabine im Gänsehäufelbad an der Alten Donau, machten, noch nicht mit dem eigenen Auto, das kam erst viel später, unsere ersten Urlaubsreisen, fuhren in die Toskana und nach Umbrien, dann auch in die Niederlande und die skandinavischen Länder, konnten zwar nicht prassen, aber uns doch einiges leisten, sahen viel, besuchten überall Museen und genossen diese Tage nicht nur in deren Gegenwart, sondern auch lange danach, schauten uns immer wieder die von Greti mit einer billigen Kamera aufgenommenen Fotos an, die ich jetzt teilweise auf dem Tisch vor mir, teilweise noch in den Schuhschachteln und Berge davon in Ordnern habe, frischten oft Erinnerungen auf und machten diese Reisen unzählige Male wieder, wenn auch nur im Geiste, was aber auch schön war.

Nach dieser Nacht des Abschiednehmens von Greti und meiner Vergangenheit sind für mich all diese Fotos und Erinnerungen wie meine Frau gestorben, wie auch die Welt für mich gestorben ist, obgleich sie objektiv und für andere nach wie vor weiterbesteht und eine entweder schöne oder hässliche ist.

Ich bin dabei, mich von allem zu lösen – nicht zu entsagen, der Begriff schließt ja etwas Wehmütiges und Verzichtendes ein, sondern die Welt als etwas, das für mich jede tiefere Bedeutung verloren hat, abzustreifen und sie, was auch den vielen Fotos bevorsteht, wegzugeben und als etwas zu vergessen, das einen wie Träume irritiert und über kürzere oder längere Strecken, aber nicht lebenslang beeinflusst, weil es ein komplexes Geflecht von nicht leicht zu durchschauenden Phantomen ist.

Was zu tun war, ist, meine ich, getan und kann abgehakt werden.
Ich brauche keine Fotos mehr und muss zu einem Ende kommen.
Irgendwann habe ich den Satz geschrieben: *Vergangenheit steht auf und öffnet alle Türen. Was war, wird immer und immer wieder sein.*
Aber jetzt erkenne ich, dass er nur teilweise stimmt. Denn für mich ist zwar in dieser Nacht die Vergangenheit aufgestanden und hat nicht alle, aber viele Türen geöffnet. Aber diese werden nun von mir geschlossen werden um nie mehr aufzugehen.
Meine Greti ist nicht mehr, ich habe vor einigen Tagen, was an ihr sterblich war, in die Erde gelegt und gehe daran, jetzt, nach einer langen Nacht, auch ihr Bild und alles, was diese Frau für mich bedeutete, selbst die Erinnerungen an 44 unwiederbringliche Jahre, zu begraben.

Rilke sagt über seinen im Käfig gefangenen Panther: *Ihm ist, als ob es tausend Stäbe gäbe / und hinter tausend Stäben keine Welt.* Und etwas weiter: *Nur manchmal schiebt der Vorhang der Pupille / sich lautlos auf –. Dann geht ein Bild hinein, / geht durch der Glieder angespannte Stille / und hört im Herzen auf zu sein.*
Auch ich fühle mich, weil ich im Gegensatz zu meiner Greti noch lebe, hinter tausend Stäben eingeschlossen, hinter denen es für mich, trotz allen Weiterlebens und der Freunde, die ich habe, keine Welt mehr gibt.
Ich weiß nicht, ob Rilke den psychischen Zustand des Panthers richtig erfasst hat, aber in Bezug auf mich, den er

natürlich nicht kannte, hat er richtig und genau formuliert. Ich tappe im Käfig meines Körpers hin und her, vermag aber keine Welt mehr zu erkennen, weil diese mir am 20. Dezember 2001, um exakt 13.20 Uhr, zugleich mit meiner Greti, gestorben ist.

In der abgelaufenen Nacht sind zwar Erinnerungen noch ein letztes Mal lebendig geworden, haben mich Bilder, Stimmen und Berührungen in Bann gehalten, aber jetzt werden sie nicht mehr wiederkommen.

Walther von der Vogelweide sagt in einem Gedicht am Abend seines Lebens: *Beackert ist das Feld und gerodet ist der Wald.*

Auch meine Erinnerung an das, was man Leben nennt, sind, glaube ich, ein für alle Mal gerodet. Jetzt kommt und interessiert mich nichts mehr, nicht einmal der Tod.

Vielleicht waren es, wie der Zen-Meister sagt, wirklich nur Träume von Träumen von Träumen, aus denen ich erwacht bin. Es gibt für mich auch keinen Weg mehr, weil es in

Wahrheit nie einen gegeben hat und ich bloß Gaukelbilder und Schatten für einen solchen gehalten habe.
Ich spüre nur mehr den starken Sog einer ungeheuren und trotzdem bilderfüllten Leere, die vielleicht das Nirwana ist und mich irgendwann zum Erlöschen bringt.
Kann sein, dass ich weiterhin alle möglichen Drehbücher und Geschichten über erfundene Leute schreibe, die in Wahrheit nie gelebt haben, wenn der ORF dies verlangt.
Und sicher werde ich mein Leben bis zu dessen natürlichem Aufhören führen, aber es interessiert mich nicht mehr.
Ich bin, wie ich besorgten Freunden wegen des Verlustes meiner Greti gesagt habe, keineswegs suizidgefährdet. Aber eben wie Rilkes Panther, in dessen müde gewordenem Herzen die Bilder aufhören zu sein.
Und einer, der den nicht vorhandenen Weg zu Ende geht.